「文春」の報道倫理を問う

大川隆法
Ryuho Okawa

JN105015

まえがき

とにかくおそまつである。「文春」ってこんな出版社だったのか。政治家や財界人、芸能人のクビを飛ばすクビ斬り役の本心は、ただ「もうけんかな。」だけだったのか。とにかくリーガルマインドはないし、善悪の基準も、社会的責任感も感じられないのだ。

編集局長氏も、社長氏も、「知的廉直《ちてきれんちょく》」が感じられない。そもそも教養の底が浅すぎるのだ。とにかく全体が「写真雑誌」レベルなのだ。

こんなところで、「芥川《あくたがわ》賞」や「直木賞」を毎年出している。霊界の芥川龍之介先生も、さぞや虚《むな》しさを感じておられることだろう。

今、あらためて、「文春」の報道倫理を問う。
「君たちは恥ずかしくないのか。」と。

二〇二〇年　三月二十一日

幸福《こうふく》の科学《かがく》グループ創始者兼総裁《そうししゃけんそうさい》　大川隆法《おおかわりゅうほう》

「文春」の報道倫理を問う　目次

第1章　新谷学《しんたにまなぶ》「週刊文春」編集局長守護霊《しゅごれい》の霊言《れいげん》

二〇二〇年三月十七日　収録
幸福の科学　特別説法堂《せっぽうどう》にて

第2章　中部嘉人《なかべよしひと》文藝春秋社長守護霊の霊言

二〇二〇年三月十七日　収録
幸福の科学　特別説法堂にて

第3章　中部嘉人文藝春秋社長守護霊とヤイドロンの霊言

二〇二〇年三月十三日　収録
宮城県・仙台にて

4　虚偽《きょぎ》と捏造《ねつぞう》の書はどのようにして生まれたか　343

5　「文春」編集部の危機的実態　378

「霊言現象《れいげん》」とは、あの世の霊存在の言葉を語り下ろす現象のことをいう。これは高度な悟《さと》りを開いた者に特有のものであり、「霊媒現象《れいばい》」(トランス状態になって意識を失い、霊が一方的にしゃべる現象)とは異なる。

また、人間の魂《たましい》は原則として六人のグループからなり、あの世に残っている「魂のきょうだい」の一人が守護霊《しゅごれい》を務めている。つまり、守護霊は、実は自分自身の魂の一部である。したがって、「守護霊の霊言」とは、いわば本人の潜在意識《せんざい》にアクセスしたものであり、その内容は、その人が潜在意識で考えていること(本心)と考えてよい。

なお、「霊言」は、あくまでも霊人《れいじん》の意見であり、幸福の科学グループとしての見解と矛盾《むじゅん》する内容を含《ふく》む場合がある点、付記しておきたい。

第1章　新谷学《しんたにまなぶ》「週刊文春」編集局長守護霊《しゅごれい》の霊言《れいげん》

二〇二〇年三月十七日　収録
幸福の科学　特別説法堂《せっぽうどう》にて

新谷学《しんたにまなぶ》（一九六四〜）

「週刊文春」編集局長。東京都出身。早稲田《わせだ》大学政治経済学部卒。一九八九年、文藝春秋《ぶんげいしゅんじゅう》に入社。「週刊文春」記者・デスク、月刊「文藝春秋」編集部、ノンフィクション局第一部長などを経《へ》て、二〇一二年に「週刊文春」編集長に就《つ》く。二〇一八年、「週刊文春」編集局長に就任。

質問者

喜島克明《きじまかつあき》（幸福の科学常務理事〔広報・マーケティング企画《きかく》担当〕）

小林早賢《こばやしそうけん》（幸福の科学常務理事 兼《けん》 総合誌編集局長 兼「ザ・リバティ」編集長）

佐藤悠人《さとうゆうじん》（幸福の科学広報局法務室長 兼 HSU講師）

酒井太守《さかいたいしゅ》（幸福の科学宗務《しゅうむ》本部担当理事長特別補佐）

［質問順。役職は収録時点のもの］

1 霊言《れいげん》収録に当たって

仙台《せんだい》での講演会の前夜、ホテルに来た文春社長守護霊《しゅごれい》

大川隆法　連日、ご苦労様でございます。

文春（文藝春秋《ぶんげいしゅんじゅう》）が発行した宏洋《ひろし》本（宏洋著『幸福の科学との訣別《けつべつ》』）に関する反証の裏取り●をやっておられ、お忙《いそが》しいだろうと思い、「私は言わなくてもいいか」と思っていたのですが、文春側から、関係者の守護霊《しゅごれい》というか、そういうものが来たりしているようであり、「何か言わせないと〝抜《ぬ》けない〟のではないか」と思うので、彼らのロジックを聞いてみたいと思います。

宏洋は文春に上手に使われていて、向こうの言いたいことを（文章の）間に差し込《こ》まれているように見えなくもないので、そのあたりも調べてみる必要があります。その部分についての反論は、なかから取ったものではできていないところがあるかと思います。

●反証の裏取り……　反証の書籍として、2020年３月に『宏洋問題を斬る』『宏洋問題の深層』（幸福の科学総合本部編、共に幸福の科学出版刊）を発刊。また、『宏洋問題の「嘘」と真実』（幸福の科学総合本部編、幸福の科学出版刊）を発刊予定。

先週の土曜日に仙台《せんだい》で講演会（二〇二〇年三月十四日説法《せっぽう》「光を選び取れ」）を行《おこな》ったのですが、当会の映画「心霊喫茶《しんれいきっさ》『エクストラ』の秘密―The《ザ》 Real《リアル》 Exorcist《エクソシスト》―」（二〇二〇年五月十五日公開予定）を持っていき、前の日の夜にホテルで観《み》ました。すると、一回観終わったあとに、文春の社長の守護霊と思《おぼ》しき霊が出てきたのです（本書第3章参照）。ずいぶん、はしたない、お金の話ばかりをして帰ったため、やや疑問を持たれるような感じだったので、「これについても調べ直したほうがいいかな」と思っています。ジャーナリスト系とは思えないような話であったので、気にはなっているのです。

新谷《しんたに》編集局長は、嘘《うそ》をついているか、善悪が分からない人

大川隆法　ただ、今回の宏洋本の仕掛《しか》けは、おそらく、しばらく前まで「週刊文春」の編集長をしていた新谷学《しんたにまなぶ》さんではないかと思います。

この方は、今、（編集長ではなく）「編集局長」という、よく分からない〝中二階〟にいるようですが、「週刊文春」の編集長のときには、元当会職員の記事に関する訴訟《そしょう》で当会が勝ちました。最高裁まで行った裁判でしたが、文春側は、名誉毀損《めいよきそん》の謝罪文を、活字の大きさ

●元当会職員……　「週刊文春」編集部は2012年7月19日号において、元当会職員の種村氏の発言等に基づく虚偽事実を掲載し、当教団より損害賠償等を求める訴訟を起こされた。2015年1月、最高裁は文藝春秋の上告を不受理とし、同社に400万円の損害賠償と「週刊文春」誌上に全面1ページの謝罪広告の掲載を命ずる判決が確定した。

とページ数まで指定されて、「週刊文春」に載《の》せさせられたのです。ただ、謝罪文のあとに、その何倍かの分量で、それに対する悪口のようなものを書いていたので、そのような方なのではないかと思います。

個人的には面識はなく、「もう終わった方なのかな」と思っていたのですが、（手元の資料を見ながら）経歴を見てみたら、「一九六四年生まれ」「一九八九年、文藝春秋に入社」と書いてあるので、写真で見るよりは意外に若い方なのかと思います。

（「週刊文春」の記事は）〝文春砲《ほう》〟といわれているのですが、この方は、いい調子で手の内を見せた本を出しており、その本の帯には「門外不出85の奥義《おうぎ》」と書いてあります。そういうものを三年ほど前に出しているのです。

普通《ふつう》、こういうものは出すものではないと思うのですが、文春ではなくダイヤモンド社から出しています。私は、おそらく、新聞の広告で見て買ったのでしょう。それで手元にあるのだと思いますが、読んではいても忘れていました。秘書が持ってきて、「これを先生は読んでいます」と言われ、「はあ。こんな人だったかな」と感じたのです。

パラパラッと見てみると、矛盾《むじゅん》しそうなこともたくさん書いてありました。「嘘《うそ》をつかない」「弱い者いじめをしない」「仕事から逃《に》げない」などと書いてあるのです。

「嘘をつかない」。これを「自分の主義だ」と言うのですが、まず、ここから間違《まちが》っています。「新谷班3原則」の最初に「嘘をつかない」とあるわけですが、最初から間違っているのです。

間違っていないとすれば、「嘘をついているつもりはない」ということでしょうから、これは「善悪が分からない」ということだと思います。善悪が分からなければ、嘘をついているつもりがない可能性もあるでしょう。

全体の感じから見て、週刊誌で記事を書いている人たちは、おそらく「嫉妬心《しっとしん》」がそうとう強いのだろうと思います。その嫉妬心のところが、今回、宏洋の波長《はちょう》と同通しているのではないかと思います。

ただ、政界の中枢部《ちゅうすうぶ》まで批判したりスクープしたりする身となれば、ある程度の社会的見識は必要なのではないかと思うのです。何時間も宏洋にインタビューをして、その話の内容をおかしいと思わず、勘《かん》が働かないのなら、ジャーナリストとしての質に問題があるのではないでしょうか。

宏洋本には「当会の反論」がまったく反映されていない

大川隆法　今回の宏洋本の最後には、「大川総裁への取材を申し込んだけれども、広報局から、『●反論した本などをもうすでに出してあるので、そちらをお読みください』と言われた」というような言い訳が書いてあります。私は取材依頼《いらい》を受けたことは全然知らなかったのですが、おそらく、「取材させるほどではない」と思われたのでしょう。

ただ、出ている宏洋本は、当会が出している反論をまったく反映していない内容だったので、勉強していないわけです。「やっぱり勉強しないのだな」と思います。

（新谷氏の著書を手に取って）これをパラパラッと見ると、とにかく、「直接、人と会うこと」ばかりを優先していて、それしか念頭にないらしいのです。ということは、「資料や本をほとんど

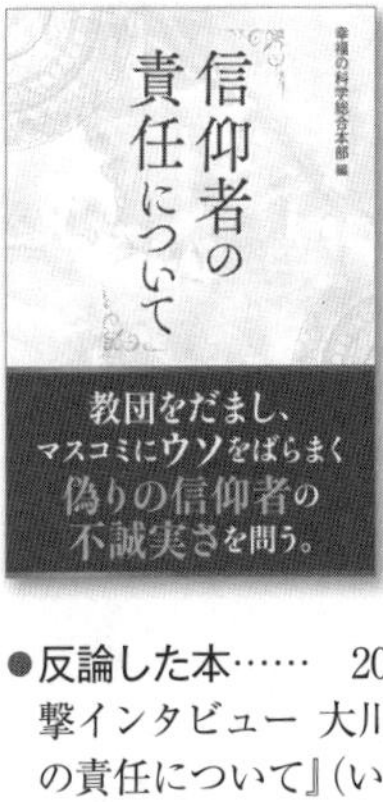

●反論した本……　2019年２月28日号「週刊文春」の記事に対する反論として、『直撃インタビュー　大川隆法総裁、宏洋問題に答える』『娘から見た大川隆法』『信仰者の責任について』（いずれも幸福の科学出版刊）を発刊した。

気にしていない」ということでしょう。

それから、「『右と言われたら左』という感じでやるのが、大事なやり方なのだ」というようなことが書いてあるので、へそが曲がっているのでしょう。そういうところも、おそらく、（宏洋と）共通するところではないかと思います。

そういうことですが、分かっているのは、その程度でしかありません。

現在の文春の社長は、約三十年ぶりに経理局系から上がった人

大川隆法　社長については詳《くわ》しい資料がないのですが、同志社《どうししゃ》大学を出て、なぜか電波新聞社に一九八四年に入り、一九八九年に文春に入り直しています。その意味では、新谷さんと同期です。この方は経理局系から社長に上がっています。これは約三十年ぶりだそうですが、採算が悪いのだろうと思います。

仙台で録《と》った守護霊霊言《れいげん》（本書第3章参照）では、とにかく女性蔑視《べっし》が激しく、女性について、「お茶汲《く》みはお茶汲み」というような発言を連発していました。

文春の社員の四十五パーセントぐらいは女性だろうと思います。現代の流れでは、女性に

ついても給料を男性とほぼ同じぐらいにしなければいけないのでしょうが、この方は経理出身なので、人件費がもったいなく、それを削《けず》りたくて削りたくて、しょうがないのだろうと思います。おそらく、そんな感じではないかと思うのです。

文春の編集局長・新谷学氏の守護霊を呼ぶ

大川隆法　それでは、呼んでみて、向こうの考え方の傾向性《けいこう》を見てみたいと思います。

新谷さんのほうからいきましょうか。こちらのほうが現場の人なので。

（合掌《がっしょう》・瞑目《めいもく》をして）文春の編集局長である新谷学さんの守護霊をお呼びしたいと思います。

文藝春秋編集局長の新谷学さんの守護霊よ。

今回の宏洋本、『幸福の科学との訣別』の出版責任者であると思われる新谷学さんの守護霊よ。チラチラ来ているのではないかと思うのですけれども、ご意見がありましたら、どうぞ出てきてください。お願いします。

（約十秒間の沈黙《ちんもく》）

2 「宏洋本《ひろし》」を出した狙《ねら》いや背景を探《さぐ》る

「直接、取材したものは信用できるが、君らの本は信用できない」

新谷学守護霊　うーん……。新谷です。はい。

喜島　新谷学さんの守護霊でいらっしゃいますね。

新谷学守護霊　うーん。

喜島　今日は、当教団までお出《い》でいただきまして、ありがとうございました。

さっそくなんですけれども、このたび、宏洋《ひろし》氏の『幸福の科学との訣別《けつべつ》』という本を、わざわざ一年前の「週刊文春」の記事を焼き直して、また、その間《かん》、幸福の科学からの反論もたくさん出たんですけれども、それについても、まったく反映することなく、本当に嘘《うそ》だらけの内容を一冊の本にして出されました。なぜ、今になって、このような本を出したのか。その狙《ねら》いや背景について、お伺《うかが》いすることはできますでしょうか。

新谷学守護霊　だから、前回、記事を出してから、（幸福の科学から）本は出したのかもしらんけどさ。君らがまとめ買いして支部に送ってるだけの本で、世論《せろん》にはまったく関係がないし、一般《いっぱん》の人は読んでないからねえ、そんなのは。資料にもならないし。

宏洋氏が、YouTube《ユーチューブ》で発信してる内容に対して、まともな応対もろくにできてないから。教団として、よほど不誠実な隠《かく》したいことがあって、かかわりを持ちたくないんだろうなと思ってねえ。向こう（宏洋氏）は出てきてるからさあ、それは、「言った」ということは事実だから、そういう事実を伝えてるだけで。

喜島　「いやしくも、ジャーナリズムの一角を担《にな》っている」というように思っていらっしゃるのならば、その事実と、一方の当事者が言ったことに対する裏取りというものは、必ずしなければいけません。これが最低限の義務ではないでしょうか。

新谷学守護霊　いや、君たちだって裏取りさせる気はないじゃない？

喜島　その裏取りに当たる内容を、もう、本にして出しているんですけれども。

新谷学守護霊　それは捏造《ねつぞう》したかもしれないから、そんなものを読んだって意味ないじゃん。

喜島　それを言うなら、宏洋氏がやっていることも捏造になりますね。

新谷学守護霊　いや、それは直接、取材したもの。

喜島　直接、取材したら……？

新谷学守護霊　ジャーナリストが、直接、取材したものは信用できるけど、君らが〝内部で製造したもの〟は、そんなものは信用できませんよ。

喜島　宏洋氏に直接、取材しても、彼が嘘を言ったならば、それはどうするんですか。

新谷学守護霊　いや、取材したんだから、それは発言者に責任があるし、それは虚構《きょこう》でないことは明らかですから。内容をどう判断するかは読者のマターだけどね。

だけど、君たちがなかでつくったって、こんなの、いくらでも捏造可能なんだからさ。だいたい、霊言《れいげん》なんて、そういうふうにできてるものだと思ってるからさ。

喜島　発行する側にも、それを発行する責任というものがあると思います。

新谷学守護霊　うん。だから、顔は半分にしといたじゃない、表紙。半分にして切ってあるだろう？　だから、残り半分の顔は分からないところもあるから、遠慮《えんりょ》して全部載《の》せずに、半分に切っといたから。

喜島　いや、そういう問題ではないと思います。

新谷学守護霊　それで、私たちの気持ちは分かるじゃない。

数百もの間違《まちが》いがある本を出しながら、しらを切る

小林　いずれにしても、「反証資料に関して、まったくチェックを入れていない」というのは、仕事の「し」の字にもなっていませんよ。

新谷学守護霊　いや、忙《いそが》しいからねえ。

小林　いや、忙しいのは理由になりませんから。だから、なぜチェックしなかったのかということですよ。

新谷学守護霊　いや、だって……。

小林　それで、今回、こちらから見たときに、数百の間違《まちが》いがありました。

新谷学守護霊　ああ、それはすごいねえ。

小林　ええ、すごいんです。本当にすごいんですよ。だから、「数百も間違いが出るようなものを平気な顔をして出す」というのは、今の文春の社会的立場では、ちょっと、あってはならない仕事レベルなので、そこのところに関する弁明、あるいは、反省の弁をお聞きしたいですね。

新谷学守護霊　いや、〝文春砲《ほう》〟だって、それは空砲もたまにあることはあるからさあ。

小林　いやいや、百七十ページ以上もあって、数百もの間違いがあったら、これは「一発や二発空砲があった」とは言わないでしょう。

新谷学守護霊　空を飛んでるカラスを撃《う》つときには、それは、そうとう数を撃たないと当たらんだろうからさあ。それは外れることもあるさ。

質問に答えられず、「当会の仕事が遅《おそ》い」と論点をすり替《か》える

小林　それで、その反論のなかには、結局、（宏洋氏が）「その場に居合わせなかった」とか、「そのときは、いませんでした」とか、そういう客観的な現実を伴《ともな》ったものがたくさんあるわけですよ。

つまり、意見の見解の相違《そうい》ではなくて、「現実にいなくて、見ても話してもいないのに、なぜ分かるの」ということです。それに関して、きちんと説明をするべきでしょう。それに関するお答えをお聞きしたいんですよ。

新谷学守護霊　直前まで、でもさあ、理事長だとか副理事長だとか、社長だとかやったり、主役、主演やってた人ですから。そんなずっと昔ならともかく、ほんの一、二年前の話だからさ。

小林　いやいやいや。理事長になったのは、もう八年も前の話ですからね。彼の記憶力《きおくりょく》からすると、ほとんどなきに等しくて。

新谷学守護霊　いやいや、二年やそこらだったら、まだ信用できるし、生きてるしねえ。

小林　いやいや、それはプロダクションの一部の仕事に関するもので、これに関しても、複数の反論証言があるので、これ、裁判だったら、全然成り立ちませんよ。

新谷学守護霊　だから、君ら、みんな仕事が遅《おそ》いんだよ。宏洋さんがたくさん言ってることの反論を集めて、今、一生懸命《いっしょうけんめい》、本にしたりしてるみたいだけど、もう、そんなの遅いんだよ。本当に、ものすごく遅いんだよ。

小林　まあ、いずれにしても、遅まきながらはともかくとして、今、しているわけですから。あるいは、過去にやって、出しているわけなので……。

新谷学守護霊　私らが聞き出す前に、それを出してもらわないといけない。

最初から「〝ゴーストライター〟がいる」と明かして逃《に》げている

小林　「それに関することを、一つひとつ、きちんと弁明できるのかどうか」「いなかった人が、なぜ言えるのか」「そもそも、彼の語彙《ごい》にない言葉が、なぜ出てくるのか」。

新谷学守護霊　うん?

小林　「彼の知らない言葉が、なぜ出てくるのか」、そういったことに関して……。

新谷学守護霊　いや、それは、だから、今回は良心的に、〝ゴーストライター〟がいることを、ちゃんと書いてあるじゃないか。

喜島　最初から、〝ゴーストライター〟がいるのを書いてきたということは、最初から〝逃《に》げ〟に入っているということですね。

新谷学守護霊　だから、それは、「宏洋さんの逃げ」と「文春の逃げ」と、両方あるけどね。それはあるけれども。

喜島　もう、これは、何かあったら〝ゴーストライター〟に……。

新谷学守護霊　書けるわけがない部分があるから、まあ、それはそのとおりだ。文春の取材でね、それは、きょう子《こ》さん時代からいっぱい取材して持ってる〝持ちネタ〟はいっぱいあるからさあ。それはちょっとずつ使わないと損だから、そういうのはね。

小林　だから、そのころの持ちネタを、今回、〝在庫一掃《いっそう》セール〟で出してきたという。

新谷学守護霊　いやいや、まだ在庫はいっぱいあるよ。だから、一弾《だん》で終わると思っちゃいけないよ。

「最近、ネタがないから協力しろよ」と開き直る

小林　出す出さないの問題ではなくて、〝在庫〟を使わずに記事をつくって、何年か前に、マスコミ史上初とも言える赤っ恥《ぱじ》をかいたわけですよね。

新谷学守護霊　うーん……。

小林　謝罪広告を出させられました。それで、今回は、間違った規模と内容が、その数百倍に行くものですから、これは、いったい、どう責任を取られるのか。そのことに関して、ちょっとお聞きしたいんですけれども。

新谷学守護霊　いや、だから、ご長男がその……、あれ、何時間だったかな、六時間だったかな、何か、「ロングインタビューを受けて載せた」って。まあ、それはスクープはスクープなんで。幸福の科学としては、それは、すぐに打ち返さなきゃいけないものを、一年以上

放置してたのを見たら、図星《ずぼし》だったんじゃないの？

喜島　放置していたわけではなくて……。

新谷学守護霊　うん？　図星じゃないの？

喜島　全部打ち返して、もう、宏洋氏の改心を期待して、彼に対して何度も何度も、十七回にわたって、通告文、警告文を打ってきて、彼を何とか善導しようとしてきたんですよ。

新谷学守護霊　うん、だから、個人に送ったって、君らねえ、それは社会的知性が低すぎる。個人に送ったって、本人に文字を読む力がないかもしれないんだからさあ。

小林　放置の問題ではなくて、ご説明していただきたいんですよ。

新谷学守護霊　出版も不況《ふきょう》だからね、ちょっとそういうときには協力しろよ。

小林　では、不況だから、要するに、そういうことをしたと。

新谷学守護霊　最近、オウムも書けないしねえ、もう統一教会も書けないし。

小林　ああ、ネタがなくなってきてしまったから。

新谷学守護霊　もうネタがないから、幸福の科学はおいしそうじゃないか。太ったマグロみたいに脂身《あぶらみ》が乗っててさあ、まだまだおいしそうだから。これがうまく食いついたらさあ、〝マグロの解体ショー〟をやって、人は不況でも集まってくるからさあ。まあ、〝解体ショー〟が、もしかしたら、長男が入ってきたら、できるんじゃないかなあっていう。

3 「裏取りなし」のずさんな編集体制

「きょう子《こ》氏の記事」に懲《こ》りず、今回も嘘《うそ》を連発した？

小林　新谷さんは、同じ台詞《せりふ》を、前の〝きょう子《こ》氏のとき〟もおっしゃいましたね。

新谷学守護霊　うん、うーん。

小林　彼女が来たから、「これは何か書けるんじゃないか」と思ってやってみたけど、大損して、大恥《おおはじ》をかかされて、ひどいことになったわけですよ。
それで、今回は、どうされるつもりなんですか。

新谷学守護霊　まあ、大損こいたつもりは……。まだ、潰《つぶ》れてないから、大損こいた覚えはないけどね。

小林　ええ。「潰れるかもしれない」と、もうみんな心配しているわけです。

新谷学守護霊　うん？　どちらが潰れるのかな。

小林　だから、文春がですよ。

新谷学守護霊　ああ、文春が潰れるんだ。

小林　うん、これは真剣《しんけん》に言っているのです。

新谷学守護霊　そんなことはないでしょう。

小林　いやいや、今度の社長は「経理」出身ですから。

新谷学守護霊　いや、社員が数十人ぐらい減ってるだけのことで、別に、そんな大損はこいてないけど。
宏洋《ひろし》氏によれば、「幸福の科学も、もう大変な状態で、リストラに次ぐリストラをやっている。だから、終わったから、自分みたいに能力がある人でも削《けず》らなければいけないほど、もう先がないんだよ」っていう。

小林　まず、もとの質問のところに戻《もど》したいんですけれども、要は、今回出てきたあれだけの嘘《うそ》の連発を……。

新谷学守護霊　いや、私たちにはどれが嘘か分からないんで。

小林　分からないのに書くんですか。

新谷学守護霊　初めてのことばっかりですから。

喜島　裏取りをすればいいじゃないですか。

新谷学守護霊　だから、裏を取るったって、あなたがたはなかでいろいろな人に訊《き》いてるようだけど、こちらから行って取材させてもらえないでしょう?　あんたが全部、それ、紹介《しょうかい》して……。

喜島　いや、全部答えていますよ、本のなかで。

新谷学守護霊　いや、私たち、直接聞かないかぎり信用しないんだよ。

喜島　直接も何も、本のなかで、きっちり答えてありますよ。

新谷学守護霊　本は、だから、あなた一人でも書けるんだから。

昨年の「週刊文春」の記事に関する質問には、弁護士も返事ができない

佐藤　ちょっと待ってください。

新谷学守護霊　うん。

佐藤　ちょっと待ってくださいよ。昨年（二〇一九年）の「週刊文春」の（宏洋氏の）記事に対して、弁護士同士でやり取りをしていたのを、あなたは認識していますか。

新谷学守護霊　うん。おたくの弁護士がいたら申し訳ないのかな、知らんけども、おたくの弁護士は、「もう洗脳されて、おかしくなってる」っていう噂《うわさ》はある。

佐藤　私がその弁護士ですけれども。

新谷学守護霊　ああ、そうですか。

佐藤　私が洗脳されているわけですか。

新谷学守護霊　うん。されてるんじゃないの？

佐藤　いいですか。ちょっと聞いてくださいよ。

新谷学守護霊　うん。

佐藤　文春の喜田村《きたむら》弁護士と、私ども幸福の科学の弁護士は、文書でやり取りをしました。それで、こちらが「ここは違《ちが》うじゃありませんか」と言ったら、喜田村弁護士は返事をしないままにしましたよ。

新谷学守護霊　うん。

佐藤　いいですか。

新谷学守護霊　だって知らないんだ。

佐藤　宏洋さんにだけ言っているのではありませんよ。

新谷学守護霊　うっかりは答えられないからさ。

佐藤　あなたのところの代理人の弁護士に、キチッと申し入れをしたにもかかわらず、それを、答えることができないまま放置しているんですよ。

新谷学守護霊　いや、だって、うちの弁護士が答えられるわけないじゃない。知らないんだもん。

幸福の科学側の警告書も読まずに「裁判は闘鶏《とうけい》だ」とうそぶく

佐藤　いいですか。もう一つ言いますよ。

新谷学守護霊　うん。

佐藤　今回の本が出る前に、また、やはり、今度は社長宛《あ》てに、弁護士の名前で二通の警告書を出しました。それに対して、反応しませんでしたね？

新谷学守護霊　いや、社長が読むわけないじゃない、そんなの。

佐藤　あなたは読んだの。

新谷学守護霊　そんな、弁護士のところで止まるに決まってるじゃん、そんなの。

佐藤　あなたは読んだの。

新谷学守護霊　だからね、週刊誌なんて、年に〝何百回〟も訴《うった》えられてるんだよ、普通《ふつう》は。そんなの、いちいちやってたら、仕事できないんだよ。

佐藤　新谷さん。

新谷学守護霊　うん?

佐藤　あなたは、それを読んだの。

新谷学守護霊　何が。

佐藤　「弁護士からの警告書を読みましたか」って訊いているんです。

新谷学守護霊　うん？　知らないねえ。

佐藤　読んでないんですか。

新谷学守護霊　まあ、いっぱい来るんで、もう、〝毎週毎週〟、訴えてくるんで、そんなもの、麻痺《まひ》してるんだよ、こっちはとっくの昔に。

佐藤　要するに、「来ているかもしれないけれども、あなたは読んでいない。気にしていなかった」と、こういうことですか。

新谷学守護霊　いや、弁護士のやることなんか、もう、ほんと「ゲーム」だからさあ。両方の弁護士同士で闘鶏《とうけい》みたいにしてキャッキャキャッキャとやって、裁判所でやって、まあ、百万円ぐらいの損で抑《おさ》えてくれれば、それでいいのよ。

小林　論点をそらさないでくださいね。要は、「読むつもりもなかったし、調べるつもりもなかったし、反論されたいろいろなものも、最初から聞くつもりはありませんでした」ということですね。

「嘘《うそ》を信じて、そのまま載《の》せる」という週刊文春のやり方

新谷学守護霊　いや、スクープ力がすごいよ。だって、「長男で、直前までやってて、映画までやって売り出してた人が、教団から放り出されて、そして、逃《に》げ込《こ》んできた」っていうのは、これはものすごいスクープだから。これを出さないジャーナリストはいないよ。

小林　要するに、きょう子さんのときと同じように飛びついて、それで今、このざまになったわけですよ。

新谷学守護霊　奥《おく》さんで、十何年も、二十年も教団を支えた片腕《かたうで》で、全部知ってる、裏も表も全部知ってるっていう人が……。

小林　いやいや、仕事に対する認識がズレてしまえば、どうしようもないわけです。

新谷学守護霊　それは、まあ、逃《のが》すわけにはいかんでしょう。

小林　いやいや、組織が大きくなって、考え方が追いつかなくなってしまったわけで、要するに、それが長男に関しても起きたということです。

これは、一般《いっぱん》の大きな組織や会社ではよくある話で、別に珍《めずら》しいことではありません。ですから、長男が来たから、奥さんが来たから、それでネタになるというのは……。これはちょっと、あなた自身の社会的知性が足りなかったところに問題があると思うんです。

新谷学守護霊　だけどね、いやあ、知性が低いって言うけど、いちおうは、宏洋氏は、公人か公人でないかは、やっぱり、ちょっと微妙《びみょう》なあたりのラインにいるからさ。

千眼美子《せんげんよしこ》なんかだったら、もう公人扱《あつか》いしてやってもいいけど、大川宏洋だけでは書けないから、「大川隆法氏長男、何々」って、こうやって、いつもこちらが肩書《かたがき》になって、本人は嫌《いや》がってるところを肩書にしてるから、いちおう、彼がその程度の、まあ、中間地帯ぐらいのところを走ってる存在だってことは認めながらやってるわけでね。

だけど、大川隆法の知られざる素顔《すがお》なんて、信者だって見たかろうしさ、聞きたかろう？


喜島　新谷さんのときに「文春砲《ほう》」という言葉がつくられたということで、調子よくやっているように見えますけれども、いろいろな人たちを撃《う》ち落としているように見えて、実は、幸福の科学に対して二回やって、二回とも撃ち落とせていないんですよ。

その一つは種村《たねむら》氏で、女性問題を出したことがありましたが、あれは全部捏造《ねつぞう》であり、つくり話であって、彼の妄想《もうそう》をそのまま言葉にしたものを信じ込んでいました。それが原因で一ページ全面の謝罪広告を載《の》せて、週刊誌史上に残るような恥をかいたわけですよね。

今回は、それとまったく同じ構造なんです。宏洋氏の妄想による、嘘《うそ》だらけのものを信じて、何の裏取りもなく書いていますが、種村氏のときと同じような目に遭《あ》いますよ。

新谷学守護霊　いや、まあ、「嘘も、百回言えば本当になる」っていう話があるけども。宏洋氏のYouTube《ユーチューブ》ももう三百何十回か四百回か知らんけれども、それだけずーっとやり続けてて、これを君たちはどうすることもできないでいるんだから、それは、社会的には何か説明をつけなきゃいかんわなあ。

なぜ、昨年の記事と違《ちが》う内容になっているところがあるのか

佐藤　ちょっと待ってください。

宏洋氏の本が出る一週間前の三月四日に、昨年の「週刊文春」の記事について提訴《ていそ》されたということを、あなたもご存じでしょう?

新谷学守護霊　でも、それは付け焼き刃《ば》じゃん。あんたらの仕事が遅《おそ》いから。本来、去年、訴えておくべきでしょう。そしたら、考えることもあったけどさ。

佐藤　では、「去年ではなくて、今年、訴えているのは関係ない」と、こういうことですか。

新谷学守護霊　そんなの、もう間に合わない。本が出るのを聞いたから、慌《あわ》てて、嫌がらせ

をしようとして訴えただけなんだから。

佐藤　そんなことはない。

新谷学守護霊　そんなの裁判所でも分かるよ。

佐藤　「週刊文春」に書かれた内容が、今回の本にも出てきますが、内容を書き換《か》えている部分があるでしょう？

新谷学守護霊　うん？　何？

佐藤　まったく違《ちが》う内容になってしまっている部分があるでしょう？

新谷学守護霊　ふーん。ちょっと、それはよく分からない。

佐藤　認識してますか。

新谷学守護霊　よく分からないけどさ。

佐藤　よく分からない？

新谷学守護霊　うん。それは分からない。書く人たちの主観を、やっぱり重視しなきゃいかんから。

喜島　宏洋氏の主張する、「千眼美子（清水富美加《しみずふみか》）氏との〝結婚《けっこん》強制〟を十一月十八日の総裁との最後の面会の日にきっぱり断った」という重要論点を、今回の本のなかでは削ってきましたね？　これは嘘だからでしょう？

新谷学守護霊　これは、まあ、いちおう、うちの弁護士とたまには会うこともあるけど、もし、これ、千眼が、まあ、役者をやってるから、まともには戦えないとは思うが、もし、怒《おこ》って飛び出してきた場合には、ちょっと危険があると言うからさ。いちおうね、その可能性はないとは言えんなという……。

喜島　いや、怒って飛び出すとか、そういう話ではなくて、なぜ落としたんですか、一年前に、「週刊文春」誌上ではっきりと書いていたことを。なぜ、その記事を膨《ふく》らませた今回の書籍《しょせき》で出さなかったんですか。嘘だからでしょう？

新谷学守護霊　いや、まあ、いちおう、千眼さんに直撃《ちょくげき》インタビューしなきゃいけないだろうから、本来はな。ほかの人は何を言っても、嘘つきだから、訊いてもしょうがないけど、本人には訊かなきゃいけないだろう。

喜島　本人は、これを正面から否定しています。

新谷学守護霊　ああ、そうなの。だから、もっと早く指摘《してき》してくれたらよかったね？　「ザ・リバティ」（幸福の科学出版刊）とかあるなら……。

佐藤　遅く否定していれば嘘を書いてもいいと、こういうことですか。

新谷学守護霊　自分のところでやればよかったじゃない、ちゃんと。

小林　いや、早い遅いの問題ではなくて……。

新谷学守護霊　うん。君らさあ、宏洋君が言ってたように、仕事できないしさあ、遅いからさあ。

小林　早い遅いの問題ではなくてね。

同じ間違《まちが》いを繰《く》り返す新谷氏への警告

小林　要は、いずれにしても、間違《まちが》ったことをやっていて、まあ、はっきり言って、あなたは〝飛ばされ〟ましたよね？

新谷学守護霊　〝飛ばされた〟っていう……。

小林　当会に関する不始末も含《ふく》めて。

新谷学守護霊　いや、いや、それは、まあ、微妙なんだって。〝飛ばされた〟って見るかどうかは。

小林　はっきり言って、それはもう、〝飛ばされ〟ましたよ。

新谷学守護霊　いやいやいやいやいや。

小林　ですから、一回傷は負っていて、また今回、この経済不況《ふきょう》のなかで同じことをやったら、今度は文春本社全体に影響《えいきょう》は来ますよ。

新谷学守護霊　いや、それは社長に訊いてくれよ。

小林　そうそう、ですから、このことはあとで社長に訊きますが。

新谷学守護霊　飛ばしたのかどうかも、社長に訊いてくれよ。

小林　それは、あとで訊きますけれどもね。

新谷学守護霊　で、下のがまだ育ってないからな。

小林　いずれにしても、あなた自身の考え方とやり方に問題があったので、そのことについて、今、問うているのです。

新谷学守護霊　うん。とにかく、まあ、幸福の科学は全部〝後手後手《ごてごて》〟で対応が遅くて、本当に〝最悪の役所体質〟だと言われてるから。

喜島　いえ、後手後手ではなくて、宗教家として、彼を何とか善導しようと努力していたんですよ。

新谷学守護霊　ほーう。

4　文藝春秋《ぶんげいしゅんじゅう》が宏洋《ひろし》氏の書籍《しょせき》を出版した「真の狙《ねら》い」

「文春」は裏付けをしているのか

新谷学守護霊　君たちの、その子守《こも》りをしてたときの悪い仕事を隠蔽《いんぺい》しようとしてただけなんじゃないの？

喜島　いえ、とんでもないです。

新谷学守護霊　彼を逆洗脳して。
だからねえ、君なんか、もしかしたらあれじゃないの、千枚通しか何かで、彼のお尻《しり》でもつついてたかもしれないよ。

喜島　いえ、そんなことはありえません。

新谷学守護霊　ええ？　責任者としてやってたかも。

喜島　いえ、そんなことはありえませんね。

彼は、小さいときから非常に妄想癖《もうそうへき》が強くて、虫捕《むしと》りをしたら、その虫から妄想を膨《ふく》らませて、いろいろな話をしているような少年でした。そのような妄想を……。

新谷学守護霊　今は、「虫が嫌《きら》いでしょうがない」って言ってるからさ。

佐藤　今おっしゃっているのは、結局、「あの宏洋《ひろし》さんが言っていることを信じると」という、それだけでしょう。根拠《こんきょ》は何かほかにあるんですか。

新谷学守護霊　「虫が怖《こわ》くてしょうがない」って言ってる。

●虫が嫌いで……　宏洋氏は、ゴキブリやセミ等の虫が苦手であり、止宿《ししゅく》していた寮等で虫が出ると、夜中であっても、そのつど、部下を呼んで駆除をさせていたという。『宏洋問題の深層』（前掲）参照。

佐藤　何か根拠がほかにあるんですか。

新谷学守護霊　いや、今、虫が怖くてしょうがないんだって。

小林　いえ、虫の話ではなくてですね。

佐藤　もう一度訊《き》きますよ？　今あなたが、何か虐待《ぎゃくたい》でもしているかのような話をされましたけれども。

新谷学守護霊　うん、事実でしょ。本人が言ってるんだから。

喜島　「事実ではない」です。

佐藤　「事実ではない」から言ってるんですけれども。

新谷学守護霊　だって、何百本も録《と》って（YouTube《ユーチューブ》にアップして）るんだよ。

喜島　いえ、事実ではないです。

新谷学守護霊　二百本も録ってるんだから。

佐藤　もう一度言いますよ。結局、宏洋さんだけが根拠ですか。宏洋さんが言っていることだけが根拠ですかと、今、訊いています、私は。

新谷学守護霊　うーん。だけど、実質上ですよ、まあ、今は、長女は「暫定《ざんてい》だ」と、彼は言ってるんだけど。「暫定的に立てているだけだ」と言ってるんだけど。「実質上、総裁の次は長男が後を継《つ》ぐんだ」と、「ナンバーツーだ」と、実質上ナンバーツーが言ってるんだったら、それは〝北朝鮮《きたちょうせん》の粛清《しゅくせい》〟みたいなものなんかもしれないから。

佐藤　と、彼が言っているのでしょ？

もう一度言いますと、では、結局、あなたがおっしゃっているのは、「宏洋さんが言っている」という、これだけではないですか。

新谷学守護霊　これは本当だよ。これは本当。写真も出てるし。

佐藤　あなたは、先ほどから、宏洋さんの発言だけを根拠としておっしゃってます？　何かほかに裏付けはあるんですか。

新谷学守護霊　裏付け？　まあ、裏付けは、それは……。

佐藤　ジャーナリストは、裏付けぐらいは当然しているんですよね。文藝春秋《ぶんげいしゅんじゅう》はちゃんとしているんですね？

新谷学守護霊　うーん。まあ、宗教はね、あれだよ……。いやあ、「洗脳団体」だからね。いくら言ったって、みんな同じように、もうバリアを張って……。

佐藤　今、宗教団体を「洗脳団体」と言って、何を根拠に言ってるんですか。

小林　話題をそらさないでください。裏付け取材をしたのですか。

新谷学守護霊　何が？

小林　頼《たよ》っている部分が、宏洋氏の言葉だけですよね。今、その確認をしているのです。

新谷学守護霊　うーん。いやねえ、そりゃ、きょう子《こ》さんのときもそうだけど……。

小林　ええ。今回もそうですね？

新谷学守護霊　周りを取材して回っても、宗教団体の場合は口が堅《かた》くて出ないんだ。

小林　いえいえ、責任転嫁《てんか》しないでください。別に、取材しようと思えば、いろいろな手はあったわけです。責任転嫁しないでください。

宏洋氏の書籍に対して、文藝春秋《ぶんげいしゅんじゅう》は責任を取らない

小林　要するに、宏洋氏の言葉だけでやったわけですね？　それで、もし彼の言葉が……。

新谷学守護霊　うーん。彼は責任を負ってるんだ。

小林　いえいえ、教団は、彼に責任を負わせていませんから。

新谷学守護霊　でも、彼は負ってますから。

小林　いえいえ、まったく負わせていません。

新谷学守護霊　いやいや、YouTubeに出て、自分で言ってる以上……。

小林　いえいえ、勝手に自分で言っているだけで、二代目でも何でもありませんから。

新谷学守護霊　「彼が言っていること」と「本に書いてあること」とは連動してるから。

小林　いえ。

新谷学守護霊　「責任は彼が取る」と言っているから、まあ、それを応援《おうえん》してるだけのことで。

佐藤　では、「文藝春秋《ぶんげいしゅんじゅう》は、今度の本について責任を取らない」と、あなたはおっしゃるんですか。

新谷学守護霊　あっ、「言論の自由」なんですよね。

小林　「言論の自由」っていうのは……。

佐藤　「言論の自由」で、責任は取らないと？

喜島　「嘘《うそ》をつく自由」はありません。

新谷学守護霊　「幸福の科学の教義を流布《るふ》する自由だけあって、それを批判する自由がない」って言うんだったら、そりゃ、あんたがたが嫌う中国や北朝鮮と一緒《いっしょ》じゃないか。

喜島　自由には責任が伴《ともな》いますよ。

佐藤　正当な批判だったらいいんですが、そうじゃないでしょ。

巨大《きょだい》スクープをつくり出すことを狙《ねら》っていた

小林　話を整理して元に戻《もど》すと、要するに、宏洋氏の言葉だけでやったわけですね？　そうですね？

新谷学守護霊　まあ、基本はそうですね。

喜島　認めましたね。

小林　彼の言っていることは、基本的に、解離《かいり》性障害にほぼ近いです。

新谷学守護霊　うーん、まあ、それは病院の証明書が必要。

小林　結果的に、そのような話にほとんど近いわけです。

新谷学守護霊　うーん。

小林　要するに、「彼にのみ頼った」ということが、致命《ちめい》的な問題なんですよ。それを訊きたいのです。総理大臣のクビも取らんかというような出版社が六時間も取材をして、そのことも分からなかったということですか？　あるいは、分かった上で泳がせたんですか？　どちらですか？

新谷学守護霊　いや、映画で主演している人が直接来てくれたんだからね。

小林　いえいえ、話をそらさないでください。

要するに、あなたがたの社会的な立場から言えば、六時間もロングインタビューをしたら、解離性障害かどうかということは、当然、判定できなければならないんですよ。ですから、それを分かってやったのか、分からずにやったのか、どちらだったんですか？

新谷学守護霊　いや、あなたの訊いていることはね、半分、危険なことを訊いてるんだよ。僕《ぼく》らが直接狙《ねら》ったのは、最後は、「霊言《れいげん》が偽物《にせもの》である」ということを証明できたら、これ、ものすごい巨大《きょだい》スクープになるので。新宗教の時代？　一九八〇年代以降の……。

小林　いえいえ、別にどうってことはないですね。要するに、「宏洋氏のいわゆる〝霊言〟なるものが信用ならなかった」というだけの話なので。

新谷学守護霊　彼は批判してる。

だから、ほかに言った人がいないんだよ。今まで（幸福の科学を）辞《や》めた人も、過去、調べたことがあるけど、「大川隆法の霊言が嘘だ」と言った人は誰《だれ》もいない。初めて出てきたんで。それが長男だったから。

小林　いいですか？　●今回の当会の反論のなかで、宏洋氏の、いわゆる〝霊言〟なるものの怪《あや》しさ、それから不当性に関して立証しているのですが、それは幸福の科学の「霊言」全体に響《ひび》く話でも何でもないんです。

●今回の当会の反論……　宏洋氏の嘘への反論座談会を書籍化した『宏洋問題の「嘘」と真実』、および『宏洋問題を斬る』『宏洋問題の深層』（前掲）参照。

「経営危機」で宏洋氏の話に食らいついてしまった

小林　話をもう一回戻しますけれども、要するに、危険でも何でもないので、宏洋氏の発言一本に頼ったんですね？

新谷学守護霊　うーん。

小林　私が感じるのは、文春で編集長なり編集者を張るぐらいの人が、彼と六時間も話して、「危ない」と気がつかないほうがおかしいということです。明らかにおかしいです。それでもやったということは、分かっていてやったということですよね。だから、ライターの名前を最初から公表するという、おかしなことをしたのでしょう。

新谷学守護霊　だから、「嘘をつかない。弱い者いじめをしない」。彼（に関して）は、弱い者いじめですから、明らかにやられてるのはね。一人になって、教団からいじめられているに決まってる。裏で何されてる……。「広報の怖ーい人が来て、コンカーンと今日来て、引っ越《こ》ししたらすぐ来る」とか言ってたから、それは昔の創価学会《そうかがっかい》のやり方みたいなものだわな。それは怖いでしょ。

喜島　とんでもないことです。それは、「話し合いをしよう」と言いに行ったのです。宏洋氏にいくら電話をしても、彼は電話を無視して、メールをしても無視して、話し合いの場に出てこないから、「話し合いをしよう」と言いに行ったわけです。

ところが、彼は「訴訟《そしょう》をする前に話し合いがあるべきじゃないか」と言っていました。言っていることがまったく矛盾《むじゅん》しています。

それを、どこをどうしたら「信用するに足りる」と思えるのでしょうか？

新谷学守護霊　だから、本人にインタビューしただけでも、十分なあれなんだけども、それ以外に彼は公表していて、彼が言ってる内容を知ってる人が何万といるわけだからねえ、現実にね。ほかのマスコミ等もみんな狙ってはいる件だったからね。でも、ほかのところは勇気がないから、食いつけないでいた。

小林　いえ、勇気がなかったのではなくて、あまりにも〝やばかった〟からですよ。「あまりにも〝やばかった〟ことに、文春さんのほうがとうとう手を出してしまった」という感じでしょう。「経営が危機的な部分があるからといって、なぜ、そこまで食らいついてしまったのか」ということですね。

新谷学守護霊　うーん……。

小林　はっきり言って、直接話をして、「ちょっと危ないぞ」ということが分からないはずがないので。

新谷学守護霊　それは、お母様のきょう子さんのときだって、ほかの傍証《ぼうしょう》は全然取れませんでしたよ、教団のほうからは。周りからはね。

ただ、本人が来て熱心に言うからさ、それは「十分に信用に値《あたい》する」と。うん。

小林　それで、裁判にかけてどうなりました？

新谷学守護霊　うん？　裁判官は分からないからねえ。まあ、その人がたまたまどういうスタンスかによって、結論は変わるから。単に、それだけだから。

5　嘘《うそ》の文章の編集責任は誰《だれ》にあるのか

宏洋《ひろし》氏の本は「妄想《もうそう》」だと分かった上で発刊している

佐藤　では、新谷さん、今度の本が出る前に、あなたは自分で中身を読みましたか。この本に目を通しているんですか。

新谷学守護霊　まあ、精読したとまでは言えないが。それは別の人の仕事だろうけれどもね。

佐藤　〝斜《なな》め〟に読んでいてもいいですけれども。

新谷学守護霊　「こういうスタンスでやります」というのは、それは聞いたよ。

佐藤　冒頭《ぼうとう》で質問が出ましたけれども、もう一回訊《き》きますよ。いいですか。例えば、「大川隆法総裁は全然ブチ切れない」というように言っているかと思うと、「ブチ切れた」という話が出てくるわけですよ。

いいですか、ちょっと聞いてくださいよ。

普通《ふつう》に読んでいたら矛盾《むじゅん》していることが、たくさん出てくるわけです。ですから、普通に考えて、なぜ、これが、そのまま校正もされずに発刊されるのかが理解できないんですよ。

あなたはこれを読んで、責任を持って発刊したんですか？

新谷学守護霊　だから、ほかの人にはブチ切れず、宏洋《ひろし》氏にはブチ切れていたかもしれないからね？

佐藤　「かもしれない」って、推定したの？

新谷学守護霊　二人だけでいるときにブチ切れていたら、ほかに誰《だれ》も見る人はいないんだから。

佐藤　では、「かもしれない」と推定したわけ？

新谷学守護霊　だから、それは人によって違《ちが》うかもしれないじゃないか。

小林　いろいろおっしゃっているけれども、もし、本の対象が安倍《あべ》総理だったら、そういう書き方はしないでしょう？

新谷学守護霊　安倍さんなら、もっと妄想《もうそう》を膨《ふく》らませても構わない。うん。

喜島　あっ、これは「妄想」ということですね？　今、言いましたね？

小林　妄想だったんですね？

佐藤　「妄想だ」というふうに理解しているんですね？

新谷学守護霊　いやあ、まあ、〝バブル〟だなあ。風船玉というか、シャボン玉は膨らますものじゃないか。そのためにあるんだよ。

小林　要するに、「妄想だった」と思っていたけれども、それを分かった上でやっていたわけですね？

新谷学守護霊　いや、妄想のなかにも真実はあるんだよ、一片のものは……。

小林　いやいや、レトリックは使わないでください。

要するに、「妄想だった」ということは、話を聞けば、分かっていたと思いますよ。

新谷学守護霊　いや、それは分からない。

小林　いもしない場所のことを話すなど、そういうことの連発ですから。

佐藤　普通に考えてね、いいですか、自分がいなかった所の情景を事細《ことこま》かに描写《びょうしゃ》できるんですか。矛盾しているじゃないですか。

新谷学守護霊　いや、彼はできるらしいよ、そういうことは。

小林　まあ、まあ、まあ。

新谷学守護霊　彼はねえ、やっぱり、いくらでも想像ができて、知恵《ちえ》が泉のように湧《わ》いてくるんだって。

喜島　つまり、今、妄想だということを認めましたね?

新谷学守護霊　いや、だから、彼はできるんだ。

佐藤　創作したってこと、認めるんですね？

喜島　地震の日に、彼は、大川総裁がいらっしゃった場所にはいなかった。それにもかかわらず、そのときの様子を子細に書いていますね？　これは妄想以外の何ものでもありません。

新谷学守護霊　いや、それは、〝遠隔透視《えんかくとうし》〟したかもしれないじゃない？　君たち的に言えば。

佐藤　誰が考えても想像で書いた小説でしょう？

新谷学守護霊　彼は、そんなの、もう一日でできるんだって、全部。そういうのをバーッと。

喜島　いや、すべて嘘だから、その場で書けますよねえ？　一日でもね。

佐藤　では、この本を「ノンフィクション」ではなく、「フィクション」だと理解して出したと、こういうことですか。

喜島　そうなりますよね？

新谷学守護霊　フィクション……、ノンフィクション、フィクション……。

喜島　彼が言っていることはすべてフィクションです。それも、つじつまが合わないフィクションです。

佐藤　普通、週刊誌だったら、例えば、八割九割の事実があって、一割二割の嘘《うそ》を乗せるというのは、われわれもよく見てきました。
しかし、この本はあまりに嘘が多すぎるんです。

嘘や創作で本を書かせた編集責任を問う

小林　もう一点申し上げると、彼がそもそも知りようがないような二歳《さい》ぐらいのときの話？　そのときのことを、自分の言葉と称《しょう》して話しているわけです。あれは、どう客観的に見ても、別の人物が創作しているようにしか見えないわけです。

要するに、「彼がしゃべったから」と言いますが、書かせた編集者がいるわけですよ。その編集責任者が、つまり、あなたです。だから、その責任を問うているんです。

新谷学守護霊　まあ、それは、YouTube《ユーチューブ》で何十回も同じことを言っていたら、本人も信じ込《こ》むようになるんじゃないの？

喜島　あっ！　そういうことですね？

小林　というように、要するに、嘘だというのは分かった上で書かせているんですね？

新谷学守護霊　あ、いや、嘘かどうかは分からないよ。

喜島　彼は嘘を信じ込んで話していると知っていて、それをそのまま発刊したということを、今、あなたは言いましたね?

新谷学守護霊　だから、それは、教えてもらったんじゃないの? 喜島さんがいい人か悪い人かというのは、それは彼の主観によるわけだから。彼が喜島さんを「悪い人だ」と五十回続けて言ったら、やっぱり悪い人なのかなあと、心証《しんしょう》は傾《かたむ》くでしょうねえ。

喜島　それはまるで、中国共産党が「南京大虐殺《ナンキンだいぎゃくさつ》があった」と一万回言うと、それが真実になるということと一緒《いっしょ》です。それを認めるのと同じことですよ。それは、文藝春秋《ぶんげいしゅんじゅう》の言っていることとまったく違うことですよね?

新谷学守護霊　いやあ、君たちは、大川宏洋の守護霊本とかいうのを出していたわけだからさあ、君らが出していてさあ、それで否定するんだから、おかしいじゃないか。ねえ? だから、認めていたんだから、彼を。ねえ? そんなに解離《かいり》性障害で妄想癖《へき》のある人だったら、そんなの出しちゃいけないでしょう?

喜島　いや、彼が職員のころには、まだ、何とか使い道はないかということを探《さぐ》る余地はありました。
ただ、彼が「辞《や》めた」ということを自分で称して始めた嘘だらけのYouTubeに関しては、本当に救いようのないなかを、宗教家として、何とか救えないかと、表面立っては言わずに、見えないところで、彼に対する警告を十七回にわたって続けてきたんです。それでも、彼は、それにまったく応《こた》えずにやっていたわけです。

宏洋氏の言葉だけでなく、ライターが書いたことを認める

新谷学守護霊　いやあ、おたくの弁護士は評判が悪いんじゃないか。国会で言われていたでしょ？　文科大臣が、いきなり、名前も知らない、会ったこともないような弁護士から送りつけられてきたけど、私はそんなのは知らないというような感じで、萩生田《はぎうだ》が言っていただろうが？
だから、君のところの弁護士は、もう顔も見ないでやるんだ、そういうことを。

喜島　いやいや、そんなことはありません。

佐藤　新谷さん。

新谷学守護霊　うん？

佐藤　私だけど、それ。

新谷学守護霊　あっ、そうなの？

佐藤　本人を目の前に置いて、そういうことを言うんですか？

新谷学守護霊　ああ、確かに、だいぶ洗脳されているような顔に見えるなあ。

佐藤　（苦笑）どこがですか？

喜島　あなたは、「信仰《しんこう》」と「洗脳」との違いも分からないんですか?

新谷学守護霊　いや、ほとんど一緒でしょ。

佐藤　ほとんど一緒?

喜島　全然違いますよ。

新谷学守護霊　そりゃ、見る側からの視点で。信じているほうから見れば「信仰」で、信じていないほうから見たら「洗脳」ですよ。そりゃあ、一緒ですよ。

喜島　それは、信仰というものが、どれだけ、人類の文明をつくってきたかということすら、まったく分かっていません。文明も文化もすべては、この信仰から、宗教から、始まってきたものです。

新谷学守護霊　天台宗《てんだいしゅう》のあの瀬戸内寂聴《せとうちじゃくちょう》でさえ、「宗教なんか、全部洗脳よ」とちゃんと言って活字になっているじゃない。

小林　それは文脈が全然違う話だから、話をもとに戻《もど》しますね。

要するに、宏洋氏の言葉だけで書いたということですが、実は、それは全体の一部で、いわゆるライターなるものが書いた部分がそうとうあるということは、これを見たらすぐに分かります。

新谷学守護霊　まあ、それはそうだろう。

小林　そうでしょうね？

新谷学守護霊　うん。それはあるだろうよ。

小林　そこに関する編集責任は、明らかに、あなたにあります。

新谷学守護霊　彼は、鷹揚《おうよう》だからね、こちらが自由に書いて、それを見ても、「まあ、いいんじゃない？」みたいな感じで通すからね。

小林　ですから、要するに、あなたに責任があるわけです。

6　善悪よりも「金儲《かねもう》け」や「欲」

訴訟《そしょう》になった場合の勝敗率まで計算した上で、「金儲け」のために嘘《うそ》を書く

小林　そのなかに、例えば、二百、三百、五百……。

新谷学守護霊　知らんよ、数は。そら、あなたがた……。

小林　いやいや、数の問題ではなく、裁判をやったら、明らかに、あなたのほうに負けが出るような事例がたくさん並んでいるんです。

新谷学守護霊　うーん。

小林　「裁判なんて先に書いたもの勝ちだ」という態度だけでやったわけですか。

新谷学守護霊　うん。

喜島　ちなみに、この本に関して、本日（二〇二〇年三月十七日）提訴《ていそ》しました。受理されましたので、覚悟《かくご》してください。

新谷学守護霊　まあ、おたくの弁護士に給料を払《はら》うためには、ときどき訴《うった》えなきゃいけないんだろうが。

喜島　そんなことはありません。

新谷学守護霊　それはしょうがないよ。

喜島　社会正義を実現するためです。

新谷学守護霊　うちなんか、いつも、いったい何本背負ってるか。ねえ。そういうものを。

喜島　それは嘘《うそ》ばかりつくからでしょう。

新谷学守護霊　それをかいくぐって、やってるんだからさ。〝泣き寝入《ねい》り〟してくれる人も出てくるから、〝泣き寝入り〟してくれたら、儲《もう》かるわけよ、パッと。ああ、それはそのまま、「記事で儲かったあ」って言うけど。

で、百万、二百万、五百万と取られる場合もあるんで、「チェッ、しまった。損したかなあ」っていう、そのへんの勝敗率もいちおう予想してね。打率何割か見て、「何割ぐらい負けるかも」っていうのを見て、裁判費用等や、負けることも入れた上で、トータルで採算が取れるようにと、社長から厳しい指導を受けてる。

喜島　「金儲け」のために、嘘だと分かっていても出しているわけですね?

新谷学守護霊　株式会社なのに、何の問題があるの。

喜島　金儲けが目的で？

新谷学守護霊　そら、そうでしょ。利益の追求が株式会社じゃないですか。

小林　だからといって、嘘八百を並べていいという話ではありません。

新谷学守護霊　いやいやいやいや。

当会の反論に耳を傾《かたむ》けず、信用問題が発生

小林　何を申し上げているかというと、あなたは裁判がどうのと言っているんですけれども、今回、こちらから、さまざまなメディアを通じて反論を出しました。

新谷学守護霊　ふーん。

小林　さすがに今回の事例は、「あまりにもひどい」というのが、客観的な判断ですよ。

新谷学守護霊　うーん。

小林　要は、何を申し上げているかというと、あなたおよび文藝春秋《ぶんげいしゅんじゅう》の信用に、かなりの問題と亀裂《きれつ》が発生しているので、そのことに関して、考えを改めていただきたいということです。

新谷学守護霊　いや、うちはね、この前のきょう子《こ》さんのときの裁判もあったけど、裁判外の本で、おたくからいっぱい攻撃《こうげき》を受けてるからねえ。「●創立者が地獄《じごく》に堕《お》ちた」から始まってさ、いろんな攻撃をいっぱい受けてるから。まあ、その部分については、何も言わずに我慢《がまん》してやったからさ、たまには反撃しなきゃいかんわなあ。

●創立者が……　『「文春」に未来はあるのか―創業者・菊池寛《きくちかん》の霊言―』（幸福の科学出版刊）参照。

小林　大半のケースはそちら様からやって来るんです。それで、やむをえず守護霊霊言《れいげん》などが出されているわけです。話をこちらに振《ふ》り替《か》えないでいただければと思います。

喜島　（書籍《しょせき》を掲《かか》げて）このようなかたちで、『「週刊文春」とベルゼベフ●の熱すぎる関係——悪魔《あくま》の尻尾《しっぽ》の見分け方——』（幸福の科学出版刊）とか。

新谷学守護霊　私たちは、ベルゼベフなんて知らんもん。これって、どこの人？　全然分からん。

喜島　あるいは、（書籍を掲げて）『「文春」に未来はあるのか』（幸福の科学出版刊）と、このように、今まで二冊にわたって……。

新谷学守護霊　これは素晴《すば》らしい。「文春には未来がある」にしてくれたら、もっとよかった。

●ベルゼベフ　「蠅《はえ》の王」と呼ばれる悪魔。悪魔の頭《かしら》の一人として『聖書』に登場する。

喜島　いや、「ない」から言っているんです。ここで警告したにもかかわらず、あなたがたは、まったく改めませんでしたね。

新谷学守護霊　だけど、確かに、君たちのところで、「大川宏洋《ひろし》の守護霊霊言」なんか出したときに、あなたは広報かどうかは知らんけど、「君たちの編集部は、『天才』っていう感じで書いていたのに、新聞の広告から削《けず》られた」っていう話だから。

喜島　これは、宏洋氏（守護霊）が、自分の過去世《かこぜ》と称《しょう》して、自己申告した人たちの名前が全部、そういう天才と言われてきた人たちだから、そうかなと思って、そういうところが、なかなか全然出てこないのにもかかわらず……。

小林　要するに、自分で天才だと言ったから、そう書いただけの話です。

新谷学守護霊　うーん。

「週刊誌なんて〝打率三割〟」

小林　要は、何を申し上げているかというと、もう一回整理しますよ。宏洋氏の言葉だけでしたと。それ以外のところは、全部〝ゴーストライター〟が自分で創作しましたと。そのなかに、こちらから見て、だいたい数百もの誤りがあり、そのなかには、明確に名誉《めいよ》毀損《きそん》が成立する部分があるので、結果として、全国の読者から見ると、文春に対する信用はかなり失墜《しっつい》することになります。

要するに、「これだけ嘘を並べるという、道を外れた仕事の仕方をしていいのか。公器と称している出版社で、そういうことをしていいのか」ということを言っているんですよ。

新谷学守護霊　いやいや。〝ゴーストライター〟が全部書いたわけじゃないですよ。文春の記者も書いてるけど、〝ゴーストライター〟の責任にしているだけのことで、うーん……。

小林　それは同じことですよ。

新谷学守護霊　社員の場合は、自分の名前で書いたら〝クビが飛ぶ〟からね。社員を護《まも》るために、フリーのライターをいつでも切れるようにしてあるんだから。

小林　フリーでも社員でもいいけれども、数百もの嘘が並んでいるわけです。

新谷学守護霊　うーん。

小林　それを社員も書いたわけですね。ですから、あなたに関しては、やはり責任があるわけです。

新谷学守護霊　週刊誌なんて、あなたねえ、百打って、八十、いや、七十は嘘だよ。それはそうだよ。うん。〝打率三割〟っていうのはね、もうプロなんだよ。プロなんだよ。

小林　そういう仕事をしていることが、結局、百万部近くから二十万部台まで落ちてしまっている理由なんでしょうけれども、そういう仕事をしていて、今度はそれを書籍でやったと。

新谷学守護霊　うん。

小林　週刊誌ではなく、とうとう書籍でやりましたねと。そのことの責任を問うているわけです。

「花田《はなだ》（紀凱《かずよし》）元編集長を超《こ》えたい」という欲望

新谷学守護霊　いやあ、九一年、「週刊文春」は、花田《はなだ》さんがまだ編集長だったときに、大川隆法に取材してインタビューしているけど、あの花田がさあ、腰《こし》が砕《くだ》けて、「講談社と、幸福の科学と、等距離《とうきょり》で意見を言う」というような感じの約束をさせられて、両者に……。

小林　いやいや。腰砕けでも何でもなく、人物を見て、「これは攻撃すべき対象ではない」と冷静な判断をされたわけですよ。

新谷学守護霊　いや、私は、花田を超《こ》えたいわけだからね。

小林　（苦笑）

新谷学守護霊　彼ができなかったことをやらな……。

小林　すみません。左遷《させん》されたあなたが、「花田氏を超えたい」というのは、ちょっとね（苦笑）。

新谷学守護霊　いや、彼は左遷、〝除籍〟されていますからね、文春から。「マルコポーロ」廃刊《はいかん》で。私たちだって被害《ひがい》を受けてるんだよ。

小林　話をもとに戻《もど》しますけれども、花田さんの場合は、大川総裁に会って、「これは攻撃すべき対象じゃないな」ということで、考え方を改めたわけですよ。だから、それが花田さんとあなたの運命を分けた。

新谷学守護霊　うーん。いやあ、そうではない。

小林　つまり、善悪の判断の基準が、あなたにはなかった。

新谷学守護霊　紀尾井町《きおいちょう》ビルに幸福の科学の本部があったかな。文春の横だったからね。

小林　あのねえ、建物のせいにしないでください。

新谷学守護霊　だから、「上から狙撃《そげき》しようとしたら、できないことはないですよ」みたいな。脅《おど》されたんじゃないかなあ。

喜島　オウムとは違《ちが》って、そんなことはしません。

新谷学守護霊　オウムがあったころだからなあ。

小林　その一言《ひとこと》一言も、全部、名誉毀損の対象になるんで。まあ、ちょっと、言葉は選ばれたほうがいいだろうとは思うんだけれども。

新谷学守護霊　オウムならやるでしょうからねえ。

喜島　いや、オウムと幸福の科学は全然違いますから。

新谷学守護霊　いや、私たちの文春の立場は一緒《いっしょ》だからね。

「マスコミは弱者の味方だから、かわいそうな長男を救おうとした」？

小林　ちょっといいですか。話をもとに戻しますとね。要するに、なぜ道が分かれたかというと、あなたに善悪の判断の物差しがなかったわけですよ。そのことは認められますよね？

新谷学守護霊　だけど、そんなの、宗教は、新宗教の善悪なんか判断できる人、誰《だれ》もいないじゃない。誰もねえ。それは、宗教学者もみんなお手上げじゃあ。

小林　いやいや、それは、あなたのその考え方が間違いであって、宗教学者のなかにも、まともな判断をしている方はたくさんおられるわけですから……。

新谷学守護霊　お手上げじゃん、みんな。

小林　それはいいんだけれども。だから、要はそのへんのね、人間としての善悪、人の道に関する判断を、基本的にはしないし、しなかった。

新谷学守護霊　うん。

小林　彼の発言の内容に立ち入ると、それを判断しなければいけなくなるから、しなかった。

証拠《しょうこ》の裏取りをすると、言いたいことが言えなくなるから、しなかった。だから、「とにかく部数が出ればいい」と思ってやった。

新谷学守護霊　いやあ、マスコミの原点に帰って、弱者の味方だから。かわいそうなので、この長男を……。

小林　（笑）弱者といってもね。

新谷学守護霊　私たちは救おうとしたんであって。

小林　あれだけ嘘八百を並べてね。

新谷学守護霊　ええ？

「新谷も、〝マスコミの神〟といわれるようになりたいなあと思っている」

酒井　ちょっといいですか。あなたの考えのなかにある宗教への見方はどういうものですか。宗教とはどういうものだと思っていますか。

新谷学守護霊　いやあ、それは、嘘ネタで、それこそ取材もしないで、ネタも取らずに金儲けしているとしか見えていないよ。

酒井　宗教すべてでしょうか。

新谷学守護霊　うん。私たちは、いちおうねえ、経費のかかる活動をしているんですよ、取材に。

酒井　あなたには、何か信仰《しんこう》というものがありますか。

新谷学守護霊　あんたがたは、もう〝経費ゼロ〟で本を出して儲けているからさあ。霊感商法っていうの、これじゃないかと思う。

酒井　神は信じていますか。神とか。霊とか。

新谷学守護霊　ええ？　いやあ、私もねえ、あのー、その、ああ、花田さんでも、まあ、〝マスコミの神〟と呼ばれていることがあるからねえ。新谷も、まあ、〝マスコミの神〟といわれるようになりたいなあとは思っているよ。

酒井　あなたと組んでいるフリーライターの石井謙一郎《いしいけんいちろう》という人は、統一教会の関係でスクープを出して、名を上げたようですよね。

新谷学守護霊　いやあ、ねえ、まあ、こういう仕事は命が懸《か》かっているんで、大変なんですよ、実にね。本当に。

7 「幸福の科学を叩《たた》く」という意図

幸福の科学を「怪《あや》しい宗教」という結論に持っていこうとする意図は?

酒井　あなたは、要するに、幸福の科学をオウムや統一教会のようなものと一緒《いっしょ》にして、パターン化して叩《たた》きたいと思っていますね。

新谷学守護霊　頭にきたら、やることは一緒でしょ、みんな。これは一緒でしょう。

酒井　幸福の科学もやることが一緒?

新谷学守護霊　一緒。頭にカーッときたら、それは一緒でしょう。

酒井　そう思ってるんですか。

新谷学守護霊　うん。だから、オウムは弁護士を殺した話だけど、幸福の科学は弁護士を殺しに来るかもしれない。それは、そのくらいの狂気《きょうき》は感じますよ。

酒井　そういう認識をしていると。宏洋《ひろし》氏の本は、明らかに嘘《うそ》で、幸福の科学と、オウムや統一教会に似せるように、わざと言葉を選んで構成しているように見えるのですけれども。

新谷学守護霊　かわいそうじゃない。オウムはさ、あれだけ人気あったのにさあ。死刑《しけい》、死刑になってさ、潰《つぶ》されてさあ。統一教会は、まあ、そうなってはないけど、教祖が死んで、あと、下火になって隠《かく》れて、何て言うの、地下活動に勤《いそ》しんでてさあ。君らだけは、堂々と、まあ、バンバン広告打って、大手を振《ふ》って、表通りを歩いているんで。

これは、やっぱり結果が不平等すぎるから、なるべく均《なら》してやる必要がある。

酒井　宏洋氏の本で、当会をどういうふうに描《えが》きたかったのですか。

新谷学守護霊　やっぱり、「怪《あや》しい宗教」っていう結論には持っていかないと。

酒井　どこで？　どういう部分で。

新谷学守護霊　だから、「長男がここまでくる」っていうのは、やっぱり、内部によっぽど問題があると思うわなあ。

酒井　あなたはどこが怪しいと思ったのですかね。

新谷学守護霊　いや、本に全部書いてあるじゃない。だから、君らがいくらか指摘《してき》するのかもしらんけども。合っていることだって、おそらく半分ぐらいはあるんだろうからさあ。

喜島　いや、半分もないですね。

新谷学守護霊　だから、それは……、そこは意味があるわけだよ。

酒井　ほとんどないですけど。

新谷学守護霊　だから、彼は、全部、百パーセント嘘だとは思ってないから、私もね？　うん。まあ……。

佐藤　半分ぐらいは本当だと思ってるの？

新谷学守護霊　いやあ、そのパーセンテージは分かんないけれども。ある程度、何かに基《もと》づいて言っていることは、そうだろうなあとは思ってるからね。

喜島　ほぼないぐらいです。

酒井　嘘のなかには、あなたがたが仕組んだ嘘もあるでしょう？

新谷学守護霊　うーん、まあ、それは、今までの取材の残りの部分を使わなきゃいけないからね。

酒井　それを使ってね。

新谷学守護霊　有効活用しなきゃいけない。

「幸福の科学を撃《う》ち落として文春の景気を一気に上げたい」

酒井　そこで、あなたがたが方向性を決めて、構成は石井謙一郎《いしいけんいちろう》氏がやりましたと書いてありますからね。文春にもね。

新谷学守護霊　うん。

酒井　だから、その構成がどういう構成で、当会をどう叩きたかったのかというのは、あなたの頭から出てきたわけでしょう?

新谷学守護霊　いや、私は「ゴー」を出す立場で、書くのは、まあ、書き手は別だけどね。

酒井　この構成に、あなたはかかわっていない?

新谷学守護霊　宏洋さんは忙《いそが》しいから。書く暇《ひま》がないから。適当に書いてる……。

酒井　だいたい、宏洋氏は細《こま》かい数字など覚えられないんですよ。

新谷学守護霊　ああ、まあ、そうらしいということは……。

酒井　話を聞いていて分かるでしょう、あなたも。会っているのかどうか、分かりませんけれども。

新谷学守護霊　それは、そうらしいことは分かるけども。

酒井　ええ。細かいことなど、いちいち訊《き》いていたら、もう、「うるさい」と言って放り出すんですよ、あのタイプは。

新谷学守護霊　「算数はできない」っていうんだから、そうなんだろうとは思うけど。

酒井　宏洋本のあんな数字がきっちり出てくるわけがないですよ。

新谷学守護霊　「国語は天才なんだ」って言ってた。

酒井　だけど、あなたは、その構成にはかかわってはいないんですか。「こういうかたちで幸福の科学を描きたい」というシナリオに。

新谷学守護霊　いやあ、ここで撃《う》ち落としたら、文春の景気は一気によくなって、ガーッと売上が増えるだろうねえ、それは。

酒井　要するに、「売れればいい」と。

新谷学守護霊　うん。五十万部超《ご》えに、もう一回戻《もど》したい。

小林　だから、それが目的だったということですね。

新谷学守護霊　五十万部超えを目標にしてる。

それで、この前、おたくの〝インチキ雑誌〟の「ザ・リバティ」がさあ、なんか、「日本の地銀が潰れるぞ」みたいな特集を組んだら増刷になったとかいう噂《うわさ》が入ってるけどなあ。やっぱり、そういう〝うまい商売〟をやるんだなあと思ってね。

小林　事実ですからね。

新谷学守護霊　うん、うーん。

〝フリーのライター〟を使って逃《に》げられるようにしている

酒井　だから、この本で、あなたは責任を問われないように仕《し》掛《か》けてあるのも事実ですよね。

新谷学守護霊　いや、私は、それは〝雲の上〟から見てる存在ですから。それは、細かいことは……。

酒井　だから、「責任は宏洋にある」、あるいは「石井謙一郎にある」、このかたちでいきたいということですね。

新谷学守護霊　まあ、それは、メインで九十パーセントは宏洋さんでしょうねえ。

喜島　でも、あなたは編集局長ですから、その責任は逃《のが》れられませんよ。

佐藤　この本の発行人はあなたでしょう？　書籍《しょせき》にちゃんと書いてありますよ。

新谷学守護霊　いや、それは、「印刷所に回してもいい」ということを言ったというだけのことですから。

喜島　発行責任があります。

佐藤　「石井謙一郎」という人は、何ですか、外部の人ですか。

新谷学守護霊　いや、まあ、内部の場合も外部の場合もある。

佐藤　石井謙一郎という方は、週刊文春の記者として、名刺《めいし》を持って幸福の科学に取材に来たことがありますよ。

新谷学守護霊　そうだねえ。まあ、そういう場合もあるけど。

佐藤　要するに、使い分けている？

新谷学守護霊　だから、リスキーなものをやらせているから、いつでもクビを切れるようにしとかなきゃいけない。

小林　ああ。だから要するに、最初からこの件は逃《に》げていますよね、負けると思って。

新谷学守護霊　うーん。だから、それはね、リスキーな部分はあるのはあるわな。

小林　リスキーということですね。

喜島　では、「嘘だ」と思ってやっているわけですよね。

新谷学守護霊　だから、その場合は、〝フリーのライター〟にしとかなきゃいけないんで。

小林　要するに、「逃げている」ということは、内容に自信がないからですよね。

嘘《うそ》を書いて、数え切れない裁判を抱《かか》えている

新谷学守護霊　だけどさあ、君らは前回、去年の二月の（週刊文春の）スクープ、宏洋の独《どく》占《せん》インタビューで、いや、普通《ふつう》、あそこで怒《おこ》ってきてもいいんで。みんな身構えて用意してたのに、別に何も来なかったから、ああ、「大したことないんだなあ。本当のことを言っているんだ」と思って。

小林　だから今、反撃《はんげき》を受けて、ここまでおたおたしているわけじゃないですか。

新谷学守護霊　うーん。

小林　社長から何か言われませんでした？

新谷学守護霊　だから、弁護士から送ってくる内容証明郵便だ、何だ、ちっとも痛くも痒《かゆ》くもないんだよ。そんなもの、年中来てるから、もう。

佐藤　ちなみに、どのくらい来ているんですかね。

新谷学守護霊　えっ？　分からないよ。

佐藤　何十本ぐらい？

新谷学守護霊　各部署に来ているから、それは分からん（笑）。

佐藤　各部署に？

新谷学守護霊　うん。

佐藤　あなたのところで、どのくらい来てるんですか。

新谷学守護霊　いやあ、分からん。それはもう数えられん。

佐藤　では、今、裁判は幾つ抱《かか》えてるんですか、あなたの部署で。

新谷学守護霊　いや、分からないよ！　そんなの。

佐藤　分からないの？

新谷学守護霊　社長も分からんと思うわ、それは。

佐藤　分からないの。

新谷学守護霊　うん。社長も分からない。

喜島　もう、それだけ嘘《うそ》をつきまくっているということですね。

新谷学守護霊　ええ？　それは多いときは何百本も来るだろうし、少ないときは何十本ぐらいで済んでるでしょうけど。

「宗教の根本経典《こんぽんきょうてん》」と「障害者手帳」で〝めんこ〟をする非常識な人間

喜島　あと、まだ訊きたいことが一つあるんですけれども。

宏洋氏というのが、どれほど社会的に信用できない人間かということに関しまして、彼が少し前に上げた動画で、「『正心法語《しょうしんほうご》』という幸福の科学の根本経典《こんぽんきょうてん》と、官公庁の出している『障害者手帳』とを、バーに来たお客さんと、交替《こうたい》交替に、〝めんこ〟と称《しょう》して地面に叩きつける」というものがありました。
そのように、障害者手帳をパーン、パーン、パーンと叩きつける〝めんこ〟を自分も一緒にやっていたにもかかわらず、それに対する批判のコメントがたくさん集まってきたら、「いや、あれをやってたのは俺《おれ》じゃないよ。そこにいたお客さんだよ。だから、知らねえよ」というようなことを、彼は言っていたんですけれども。
そのようなことをする人間を、どうすれば信用できるんですか。

新谷学守護霊　めんこは子供の遊びだから、別にいいじゃない。大人が子供の遊びを……。

小林　要するに、「言うことがコロコロ変わる」ということを言っているんですよ。

新谷学守護霊　ええ？　いや、彼は、脱会《だっかい》したんだろうから、『正心法語』なんか、ただの紙くずなんだろうから。

喜島　いや、例えば、『聖書《せいしょ》』を地面に叩きつけるようなこと……。

新谷学守護霊　うん、イスラム教徒は、やったって構わない。

喜島　『コーラン』を地面に叩きつけるようなこと、これをやって……。

新谷学守護霊　イスラム教徒は『聖書』をやったって構わんよ。

喜島　いや、構わなくないですよ。それは、やりませんよ。

新谷学守護霊　いや、『コーラン』をやったら、許さないよ。それだけのことだよ。

喜島　いや、普通の一般《いっぱん》常識として、文明人、文化的な人間であるならば、絶対やってはいけないことであるということは、当然のことでしょう！

新谷学守護霊　そんなことない。「週刊文春」でめんこをやったら、私たちはあなたがたに火を点《つ》けに来るかもしれない。な？　一緒なんだ、立場を変えれば。それだけのことだ。

喜島　いや、とんでもないですよ。僕《ぼく》たちは、だいたい、そんなことをしませんしね。

「お金として利用できるからやった」

小林　話をもとに戻しますと、どうも、内容には自信がなかったんだなということはよく分かりました。

新谷学守護霊　とにかく、宏洋さんはね、そりゃ面白《おもしろ》くしたい、膨《ふく》らましたい人であることぐらいは、傾向《けいこう》としては分かるけどさあ。

小林　うん、分かりますよね。それを分かって、やっているんですね。

新谷学守護霊　だけど、あれだけさあ、何百本も、パンツ一丁《ちょう》になったりして、頑張《がんば》って生きていこうとしてる人はね、もうほとんど〝障害者〟と一緒だから、これも支援《しえん》しなきゃいけないわけよ、弱者の。

喜島　〝障害者〟と一緒だと思っているんですね。

新谷学守護霊　うん。だから、「霊能者《れいのうしゃ》」っていうのは〝障害者〟でしょう？　基本的には。それはそうでしょう。〝障害〟があるんで、脳に。

喜島　いや、正しい霊能者はそうではないですよ。

新谷学守護霊　脳に〝障害〟があるんだよ。だから、彼も脳に〝障害〟があるんだろうと思ってるよ。ただ、社会生活がまだできてるように見えてるうちは、書き甲斐《がい》があるからさ。

小林　「彼に脳の〝障害〟があると思っていた」ということですね。

新谷学守護霊　うん。それは思ってるよ。

小林　でも、「お金として利用できるからやった」と。

新谷学守護霊　うん。

小林　「ただ、その危険性をよく分かっていたので、〝ゴーストライター〟の名前を最初から出して、いつでもその、逃げられるようにしておいた」というのが、今回の問題の顚末《てんまつ》です。「そういう逃げ方ができるのであれば、どれだけ、数百もの嘘をついても、まったく構わないし、文藝春秋《ぶんげいしゅんじゅう》というのはそういう会社なんだ」ということだったわけですね？

新谷学守護霊　五千五百万円ぐらいで訴《うった》えてきたと思うけど、まあ、裁判所が認めるのは、マックス五百万で、百万から五百万の間だから……。

小林　いやいや、金額の問題ではなくて……。

新谷学守護霊　それで計算すりゃあ、やっぱり、出したほうが勝ちなんだ。

小林　つまり、「やったほうが得だ」と思ったわけでしょう？

新谷学守護霊　「商業的」には出したほうが勝ちなんだよ、儲《もう》かるから。

8　心のなかの動揺《どうよう》

新谷氏守護霊が恐《おそ》れていることとは

酒井　あなたは、余裕《よゆう》があるように見せていますけれども、昨日《きのう》の夜あたりから、ここに霊《れい》として来ていますよね？

新谷学守護霊　ああ、来てるよ。

酒井　何か心配事があるのではないですか。

新谷学守護霊　うーん。いやあ、それは……、あの、〝取材〟に来てるんだよ。うん、〝取材〟にな。

酒井　あなたが取材に来ている？

新谷学守護霊　うん。〝取材〟に来てるんで。

酒井　ただ、普通《ふつう》、心が動揺《どうよう》して、何かやましいことがないと、「生霊《いきりょう》」は来ないですよ。

新谷学守護霊　社長が直接、〝取材〟に行っちゃったからさあ、仙台《せんだい》まで。社長の守護霊が直接、仙台まで〝取材〟に行ったから、これは、私のほうがあとから……。

酒井　では、あなたは何を言いたかったのですか。

新谷学守護霊　え？　何が？　だから、夜も霊言《れいげん》してくれるっていう話だから、今の、二番手の奥《おく》さんの紫央《しお》さんが「激昂《げっこう》するところ」を録《と》りたいなあと思って。

酒井　違《ちが》うでしょう？　そんなの。
新谷学守護霊　いやぁ、宏洋《ひろし》さんの言うとおりに、「おまえには悪魔《あくま》の血が流れてる」と言わせたくてね。
酒井　後付《あとづ》けでしょう？
要するに、あなたは何か動揺していますよね？
新谷学守護霊　その一言《ひとこと》が欲《ほ》しくてね。（紫央さんが）そういう女性なんだ、と。
酒井　推測ですけれども、うちからの反論本が、そろそろ手に届いている時期なんですよ。
新谷学守護霊　まあ、情報は入ってるよ。君らが、取次店《とりつぎ》や書店から取る情報より、うちが取るほうが早いから、当然ながら。

酒井　霊だから、多少、内容は知っているでしょう？

新谷学守護霊　まあ、知ってるよ。多少はな？

酒井　動揺したでしょう？

新谷学守護霊　だけど、まあ、細《こま》かくは読んでないけどさ。

酒井　霊だから。

新谷学守護霊　うん。だから、知ってるよ、多少はな？
ただ、いつもの癖《くせ》で、言わないときは何も言わないで、言うときはバーッともう大量に出すから、誰《だれ》も読んでくれないよ。

酒井　ただ、あなたは、それを読んで、「また負けるんじゃないか」と思って、恐《おそ》れていますね。

喜島　この前も、負けましたよね。

新谷学守護霊　だからさ、今、金額計算に入ってるので、それは、どの程度の損害かを考えて……。

酒井　あなたと社長、両方とも責任を問いますからね、必ずね。

新谷学守護霊　得かどうか、戦うのが得かどうか。

だから、本の場合は、あなたがた、そういう裁判を打ってきたけど、ここでやめたほうが得する場合と、出したほうが、やっぱり、「文春の威光《いこう》」を護《まも》るためには大事なんだっていう……。

「息子《むすこ》だったら訴《うった》えられないのではないか」と考えていた

小林　あなたがドキッとした理由は、「まさか、ここまで嘘《うそ》の塊《かたまり》だと思わなかった」というところでしょう（苦笑）。ね？

新谷学守護霊　まあ、でも、ある意味で、最後は、それだったら、「やっぱり、宏洋氏が受けてきた三十年間の教育は、こうした『嘘をつく教育』だったんだ。これが『霊言の正体』だ」っていう。

小林　いや、教育の問題ではなくて……。

新谷学守護霊　ここへ持ってくれば、父親のほうまで連動させられるじゃない。

小林　いえ、人間には「自己責任」というものがあるので、そこはつながらないのですけれども。

ともかく、「まさか、ここまで、数百もの嘘《うそ》があって、一ページに三つも嘘が並んでいるとは思わなかった」と。それに対して、全部、的確に反論されてしまったので、「ちょっと、これはやばいのではないか」と。裁判云々《うんぬん》の問題以前に。

新谷学守護霊　ただ、君らの本は、でも、売れないと思うよ。嘘を百とか三百とか五百とか指摘《してき》してる本なんて、読む人はいないから。

小林　いえいえ、広告も出ますし、社会の要所要所に届けばいいんですよ。「文藝春秋《ぶんげいしゅんじゅう》がこういう会社だ」ということを知ってもらえばいいわけです。

そのことを考えたときに、まあ、ちょうど、これは昔、講談社がやってはみたものの、あとで青くなったパターンと同じなのですが、まさか、ここまで嘘で塗《ぬ》り固まっていると思っていなかったという。本当は、そこを見誤ったのではないですか。そうでしょう?

新谷学守護霊　いや、大川隆法っていう人は、ちょっとね、情にもろいところに弱点があると聞いてたんで、息子《むすこ》だったら、やっぱり、訴《うった》えられないんじゃないかとは思ってるところは……。

小林　ああ、そう思っていたんですね。

新谷学守護霊　それは、事実としてはある。

小林　それは、ちょっと甘《あま》かったですね。

新谷学守護霊　だから、たぶん、息子かわいさで訴えられないんじゃないかと。これが、うちの〝盾《たて》〟の部分だよな。

小林　それだったら、いっぱい嘘をついても大丈夫《だいじょうぶ》だと思っていたところがあると。

新谷学守護霊　うん。だから、大丈夫だろうと。どのくらいまで来たら怒《おこ》るだろうかっていう、まあ、そのへんはあったけど。まだ、このくらいまでならいけるかなと。

小林　ああ、そのくらいの感覚で、数百もの嘘を書いてしまったわけですね。

新谷学守護霊　今までと同じことを言ってるだけですから、別にね、あの本は。

酒井　それで、あなたは動揺した、と。

文藝春秋《ぶんげいしゅんじゅう》は誰《だれ》が責任を取るのか

酒井　一緒《いっしょ》に社長も来ているんですよ。それはなぜなんですか。

新谷学守護霊　社長は、採算を考えてるだけだろうと思うが。

小林　いえいえ、それは、この本の採算の話ではなくて、文春全体の採算の話なのではないですか。

新谷学守護霊　うーん。

小林　また、文春全体の採算の話になると、あなた自身の責任の問題になってくるので、それで、実は、あなたも本当は怖《こわ》くなってきたのではないのですか?

新谷学守護霊　いやあ、それは……、文春っていったって、社員は三百何十人しかいないから、それは「中小企業《きぎょう》」ですよ、一般《いっぱん》に言やあね。

だから、そんなに体力があるわけじゃないし、利益はそんなに出てるわけじゃありませんからねえ。長期の籠城《ろうじょう》戦をやれば危険になることは、それはそうだろうとは思いますね。

小林　でしょう?　そうだろうとは思うわけですね。

しかも、経理出身の社長でね?

酒井　社長からすれば、「新谷氏に責任がある」と言いたいわけですよ。

新谷学守護霊　いや、私の給料なんか削《けず》ったって大したことは……、微々《びび》たるものですけどねえ。

酒井　でも、社長は「自分で責任を取りたいタイプ」ですか。

新谷学守護霊　おたくなんかね、もう何か……。

酒井　いえいえいいえ、社長は自分で責任を取るのですか。

新谷学守護霊　宏洋さんの意見によりゃ、もう、入った一年目で局長になったり理事になったりして、一千万円を超《こ》える給料が出て。

小林　ちょっといいですか。「あなたに責任を取らせる」というのは、「あなたの給料分のコストカットをする」という意味ではなくて、「あなたに責任を取らせよう」とされるのではないかと思い、怖くて来たのではないんですか。

新谷学守護霊　うん。まあ、それはある。

小林　あるでしょう？

新谷学守護霊　うん。

小林　ということは、それは何を意味しているかというと、「内容がここまでひどいと思わなかった」と、〝それに青くなった〟ということですよね。

新谷学守護霊　いや、いや、「内容がここまでひどい」という言い方はないけど、まあ、宏洋さんが反論するだろうから、ある程度は。

小林　宏洋氏のは、反論になっていないんで、どういうことはないのですが。

新谷学守護霊　ご自分で、うちじゃなくて宏洋さんが反論するだろうから。

今どき、幸福の科学を叩《たた》けるマスコミはない

佐藤　ちょっと待ってください。前回、最高裁で負けて、誌上の全面一ページに謝罪広告を出したでしょう?

新谷学守護霊　うん。

佐藤　あなたの名前でしたよね。社長と編集長の新谷学さんの名前だったでしょう?　分かっていますか。

新谷学守護霊　だけど、反論のほうが長かったでしょう、はるかに。それよりも反論……。

佐藤　いやいやいや、私が言いたいのは、ああいう記事を出して、あなたの経歴に傷はつかないのか、平気なのかということです。

新谷学守護霊　あんなのは業界筋《すじ》の人が一部読んでるだけで、一般の人なんか全然読んでないから。広告にも載《の》らないし。

佐藤　そうすると、今回の裁判で、また同じことになっても構わないと、こういうことですか。

新谷学守護霊　ああ、だいたい、大川隆法は、もう、「週刊文春」を読んでないって言ってるんだから。抗議《こうぎ》する意味はないんだよ。読んでないもの。

小林　いいですか。前回との違いは、経営環境《かんきょう》がずいぶんと変わってきているということであり、いろいろな意味で社長も厳しいし、実は、そのことは、あなたも分かっている。

新谷学守護霊　うん、うん。

小林　だから来たのでしょう。

新谷学守護霊　だけどねえ、今どき、幸福の科学を叩《たた》けるマスコミは全然ないわけだから。本当に、どこも全然叩けないでいるから。

小林　それで？

新谷学守護霊　ここで叩けるところが出たら、すごい、何か、あれだよ。織田信長《おだのぶなが》がさあ、桶狭間《おけはざま》で今川《いまがわ》を破ったような、あんなふうに見えるだろうが。

小林　（笑）それでやってみたけれども、実はこれ、とんでもない〝空振《からぶ》り〟だったということが分かったので、それで、昨日の晩、来たのですよね？

新谷学守護霊　まあ、空振りかどうかは、宏洋さんがこれから映画もつくり、マスコミに売り込《こ》んで……、まあ、要するに、「炎上商法《えんじょう》」かもしらんけれども。

小林　ええ。炎上商法ですね。

新谷学守護霊　とにかく、「悪名は無名に勝《まさ》る」でやって、トランプさんみたいに……。「トランプ、トランプ」と言ってるけど、彼も、自身がトランプさんを目指してるところがあるからさあ。

小林　まあ、すぐに彼の兵糧《ひょうろう》は尽《つ》きるから、ほとんど戦力外通告のレベルなんで。

新谷学守護霊　うーん。

小林　ですから、要は、空振ってしまい、社長からは、あるいは社内からは無言の圧力が来ていて、「ちょっと、これは〝やばい〟のではないか」というところが、今回の顚末《てんまつ》だったわけですね。

新谷学守護霊　うん、だから、正規の社員が責任を取りたくないっていうスタンスだから、そらあ、微妙《びみょう》なラインだったことは間違いない。

小林　いちおうはライターを置いていたのだけれども、どうもライター責任のところでは済まずに、自分の身まで及《およ》ぶのではないかと。

新谷学守護霊　うーん……。

小林　「まさか、そこまで内容が外れているとは思わなかった」ということですね。

9　新潮社との確執《かくしつ》や焦《あせ》り

「宏洋《ひろし》氏の思考回路」は分かっていた

新谷学守護霊　いやあ、でもねえ、やっぱり、大川隆法は責任を取れよ。法律的に結婚《けっこん》した奥《おく》さんが〝ああなって〟、最初に生まれて、手をかけ、手塩にかけて育てた長男が、三十年たって〝こうなった〟んだったら、やっぱり、人間として責任があるよ、責任が。

小林　いいですか。そういう問題ではなく、法律上の責任が発生する二十歳《はたち》を超《こ》えて、もう十年以上はたっている男が、「今さら何を言っているのだ」という話です。

新谷学守護霊　うーん。

佐藤　あなたが先ほどから、「こうなった」と言っているのは、「妄想《もうそう》を膨《ふく》らませて、こういう本を出す男」という意味ですか？

新谷学守護霊　うん？　何が？

佐藤「長男がこうなった」というのは、どういうことですか？

新谷学守護霊　だから、「こうなった」って、まあ、それは、日本を代表する宗教団体の教祖の長男が、パンツ一丁《ちょう》になって奇声《きせい》を発して、動画で流してたら、それは「おかしい」と普通《ふつう》の人は思うだろう！

小林　あなたもそう思ったわけですよね。

新谷学守護霊　いやあ、私たちは「面白《おもしろ》い」と思ってるだけで、「おかしい」とは思ってない。「面白い」と思ってるだけで。

酒井　要するに、宏洋《ひろし》氏は「二代目にはなれない」と言われて反抗《はんこう》しているだけなんですよ。ただ、あなたがたは千眼美子《せんげんよしこ》さんにまで手を出していますから、おそらく、これは刑事《けいじ》事件にまで行く可能性は極《きわ》めて高いんですよ。そのあたりは、あなたはきちんと刑事責任を負えますよね？

新谷学守護霊　うーん……。

酒井　少なくとも、文春には責任を負ってもらいますよ。

新谷学守護霊　まあ、いろいろ聞いてみると、「宏洋氏の思考回路」というのは、ああいうふうに「結婚を強制された」とか言う場合は逆で、「父親に、『強制してでも結婚をさせろ』と、実はお願いしているような論法らしい」ということは、ちょっと分かってきたんだけど……。

酒井　よく分かっているではないですか。

喜島　そのとおりです。

恐《おそ》れているのは、千眼美子《せんげんよしこ》氏が裁判に出てくること

酒井　刑事訴訟《そしょう》になったときのことも考えて、最後に何か弁明はありますか？

新谷学守護霊　まあ、清水富美加《しみずふみか》さんは寛大《かんだい》な人だから、何もしないで、宗教者としてただ黙々《もくもく》と修行《しゅぎょう》されるんじゃないかな？　うーん。そんな、娑婆《しゃば》に出ちゃいけないよ。裁判所なんかに絶対に出るべきじゃないから。

喜島　それが怖《こわ》いわけですね？

小林　彼女が前に出てくることが、よほど怖いんですね。

新谷学守護霊　いやあ、ほかのメディアがワアワア言うから、それは嫌《いや》だよ。

小林　千眼《せんげん》さんは当事者ですからね。百パーセント立証できるので。この〝切り札〟が怖いんでしょう？

新谷学守護霊　だから、まあ……（苦笑）。

小林　ああ、怖いんですね。本当にすごく怖いんですね。

新谷学守護霊　いやあ、私らも反撃《はんげき》や反論をよく聞いてみれば、「強制はできないよなあ」ということは分かるから……。まあ、「宏洋がしたかったんだろう」という意見を言われて、「そうだろうなあ」ということは、ちょっと分かるけど。

小林　「そうだよなあ」と思ったんですね？

喜島　それは音声でも証拠《しょうこ》を出していますから。

新谷学守護霊　でも、「教団の教祖のカリスマ性で、そのへんを押《お》し倒《たお》せ」ということだったんだろうと。

喜島　それをしてほしかったけれども、それが……。

新谷学守護霊　しなかったから、教祖を恨《うら》んで、「父親のくせに力がない。もう年を取った。引退しろ！　俺《おれ》を教祖にしてくれたら、俺は強引《ごういん》にこれを押し切れたんだ」みたいなところが言いたかったかなあ。うん。

新潮社との確執から〝逆張り〟を狙《ねら》った

小林　要するに、今、当会の反論に関して、「幸福の科学の反論が正しかった」と同意の

〝署名〟をされたわけですね。

佐藤　今の時点で、そう同意しているということですか。

新谷学守護霊　何を同意するの？

佐藤　本を出す前に、今のようなことを考えてたの？

新谷学守護霊　「今のようなこと」……。

佐藤　今の時点でそう考えているのは分かったけども。

新谷学守護霊　え？　え？　え？　え？　何を言っているのか分からない。

喜島　今あなたがおっしゃったことは、「幸福の科学が言っていること」です。

新谷学守護霊　ああ、そうなんだ。

喜島　それを、あなたの口から言いました。

新谷学守護霊　うーん。

喜島　千眼さんを結婚させようとしていたのは、「宏洋氏」です。

小林　要するに、今、「こちらの反論を読む前からそう思っていた」と認めたんですよ。最初からそう思っていたんですね。

喜島　認めていたんですね。

佐藤　本当はそう思ってたけども、宏洋氏の本を出しちゃったわけですね？

新谷学守護霊　いやあ、普通は、あれはスポーツ紙ぐらいで載《の》せるべきだろうね。あのへんのことはね。スポーツ紙ぐらいなら、「千眼氏と結婚強制か」みたいなのは、ちょっと面白いかなあというだけ。それが載ってから週刊誌ぐらいだろうな、本当はな。

小林　そのスポーツ紙のネタに、書籍《しょせき》で食いついてしまったんですね。

新谷学守護霊　うーん……。

小林　それが「しまった」というところですかね。

喜島　文藝春秋《ぶんげいしゅんじゅう》の名に泥《どろ》を塗《ぬ》りましたね。

新谷学守護霊　いやあ、その前にさあ、〝清水富美加、大川家に出家《しゅっけ》か〟とかいって、記事が文春で出ているからさあ。

喜島　「大川家に」ではなくて、「幸福の科学に」ですね。

新谷学守護霊　まあ、その責任上と、「新潮社との確執《かくしつ》」があるからさあ。新潮社のほうは宏洋を叩《たた》き落として、何？　なんか、「歌を歌ったというのが、どっ外《ぱず》れだった」という批判記事を書いた。

小林　要するに、「ちょっと焦《あせ》ったかな」というところを認めるわけですね。

新谷学守護霊　だから、新潮と〝逆張り〟して、これ、もし、くっつけられたら、「文春、独走勝利」ということになる。

小林　一年前の逆張りの焦りが、とうとう悪い果実を結んで、「ちょっと、しまったな」というところですね。

新谷学守護霊　きょう子《こ》さんが言ったときのあれじゃあ、「大川隆法なんて、右でも左でも言われたとおりに動く」っていう話だったから。「犬の尻尾《しっぽ》みたいに動く」っていうから。だから、こういうふうに言ったら、ほんとに、「じゃあ結婚するか」って言って、やるかもしんないから。

小林　それをまともに信じて書いてしまったけれども、全然違《ちが》っていたので、「しまった」と。今回また繰《く》り返して、「しまったかな」と。

新谷学守護霊　うーん。

宏洋氏の本は、本当は『ある妄想者《もうそうしゃ》の日記』という題にすべき

喜島　先ほど、「宏洋氏には〝障害〟があるかもしれないと分かっていた」ということを言いましたけれども。

新谷学守護霊　まあ、ちょっと、ある可能性はあるわね、確かにな。

喜島　例えば、「統合失調症《しょう》」という病気がありますが、妄想《もうそう》を言いますよね。そして、事実とまったく違うことを、妄想として滔々《とうとう》とずっと言い続け、それをそのまま〝真実〟として本にして出したら、どうなりますか。

新谷学守護霊　『ある妄想者の日記』とかいう題で出せばいいよ。

小林　その題で出すべきだったでしょうね。

酒井　「嘘《うそ》をつかない」というあなたの原則にまったく反しています。それは分かっていますよね？　〝飛ばし記事〟の新谷学さん……。

新谷学守護霊　まあ、それも、それも……。

小林　『ある妄想者の夢想』というタイトルにすべき本だったと。

新谷学守護霊　だけど、「宗教は全部そうだった」っていうことだから、別に構わないよ。

喜島　いやいや、そんなことはないでしょう。

小林　話をそらさないでください。要するに、「夢想者による妄想だった」と。

新谷学守護霊　いや、ほんとは、狙《ねら》いは大川隆法なんだけどね。ほんとは、「大川隆法が妄想して、誇大《こだい》妄想して自分をカリスマにして、全世界を騙《だま》して、金儲《かねもう》けを企《たくら》んでる」っていうことを書きたいんだけど、直接それは書けないから、外側から崩《くず》しているだけなんだけど。

酒井　それが、あなたがたのやりたいことなんですか。

新谷学守護霊　だけど、できたのが、きょう子さんとこの人、二人ぐらいしかいないので、今んところ。弟子《でし》でも、ほとんどできないので。なかなか。うーん。

小林　きょう子さんのときは撃沈《げきちん》されたわけですが、実は構図は同じなんですよ。教団が発展しているので、息子《むすこ》も落ちこぼれたということです。そこを攻《せ》めてみたけれども……。

酒井　きょう子さんと宏洋氏は、かなり似ているんですよね。

小林　すごく似ています。

「取材を申し込《こ》んだが、断られた」という一文を、言い訳として最後に入れた

新谷学守護霊　今回、まだ本としては二冊ぐらいしか出てないから、その程度しか情報は見てないけど、あの二冊を見るかぎりは、かなり〝やばい〟ねえ。うーん。

喜島　そのとおりです。

新谷学守護霊　確かに、〝やばい〟は〝やばい〟。

喜島　目茶苦茶《めちゃくちゃ》〝やばい〟ですよ。

新谷学守護霊　目茶苦茶やばい。でも、読む人が、ほとんど、幸福の科学の信者に限定されてるから、そういう意味では、世論《せろん》には影響《えいきょう》しない可能性はある。

小林　いやいや。ＰＲして、要所要所に伝わっていきますから、あなたの会社の信用失墜《しっつい》は、今回かなりのものがありました。

喜島　それで、社長はあなたを切ろうとしていますよ。

新谷学守護霊　うーん、だから、もう一つの手は、「大川隆法氏に取材を申し込《こ》んだが、断られた」っていうのを最後に書いて、それを言い訳にしてあるから、ちゃんと。まあ、受ければよかったわけだから。

佐藤　いや、週刊誌じゃないんですよ。

新谷学守護霊　うん？

佐藤　ちょっと、そこを訊《き》きたいんですけど。

新谷学守護霊　うん、うん。

佐藤　宏洋著の本で、大川総裁のインタビューを申し込むというのは、何をするつもりなんですか。週刊誌の記事で、「宏洋さんから聞きました。大川総裁からも聞きました」というのなら分かりますよ。

新谷学守護霊　いや、断ったら、そらあ、「認めた」っていうことだろう。

佐藤　確かに書いてありますけれども、何ですか、それは。これだと、宏洋著ではないじゃないですか。

喜島　宏洋著の本ということは、宏洋氏がすべて真実を述べているはずです。

新谷学守護霊　うん。

喜島　それなのに、「取材を申し込んだ」と書いてある。これは何ですか。取材を申し込む主体は、宏洋氏ではないんですよ。

新谷学守護霊　まあ、文藝春秋だけど。

喜島　著者ではないあなたがたが「取材を申し込んだ」と書いてある。これは何ですか。宏洋著の本に。

新谷学守護霊　「断る」っていうことは、「なんか、具合の悪いことがある」っていうことだ。

責任の九割は宏洋氏に負わせるつもり

小林　いずれにしても、あなたは、「かなりやばいな」ということを認めましたので。

新谷学守護霊　いや、宏洋が九割は責任を負いますよ。

喜島　いや、宏洋氏はすべての責任を負うわけではないですから。

小林　その論法は当会には通用しないので、今回、覚悟《かくご》していただきたいんですが。

新谷学守護霊　彼の映画やBar《バー》か？　「三代目のBar」とかじゃあ、もう倒産《とうさん》するのは見えてるよ、はっきり言って。

小林　そうですね。

新谷学守護霊　でも、倒産して、彼が借金を背負って払《はら》えなくなったら、親父《おやじ》が払わなきゃいけなくなるから。

小林　払いません。

新谷学守護霊　親父が払うに決まってる。

喜島　そんな義務はありません。

新谷学守護霊　金がうなってる親父が払うしかないでしょう。そらあ、しょうがない。

小林　教団に寄付されていて、そんなお金はありません。

新谷学守護霊　片親になってるんだから、そらあ、親が払わなきゃいけないでしょう。

酒井　では、そろそろ社長に……。

新谷学守護霊　うーん。

喜島　はい。そろそろ。

新谷学守護霊　ああ、そう。社長は、クビにする気かどうか、訊いといてくれや。

喜島　新谷氏（守護霊）については、これで終わりにしたいと思います。ありがとうございました。

大川隆法　はい（二回手を叩く）。

第2章　中部《なかべ》嘉人《よしひと》文藝《ぶんげい》春秋《しゅんじゅう》社長守護霊《しゅごれい》の霊言《れいげん》

二〇二〇年三月十七日　収録
幸福の科学　特別説法堂《せっぽうどう》にて

中部嘉人《なかべよしひと》（一九五九〜）

文藝春秋《ぶんげいしゅんじゅう》社長。長野県出身。同志社《どうししゃ》大学文学部卒。一九八九年、文藝春秋に入社。経理局長、取締役《とりしまりやく》、常務などを歴任し、二〇一八年に社長に就任。経理畑の社長誕生は約三十年ぶりとなる。

質問者

小林早賢《こばやしそうけん》（幸福の科学常務理事 兼《けん》 総合誌編集局長 兼「ザ・リバティ」編集長）

喜島克明《きじまかつあき》（幸福の科学常務理事（広報・マーケティング企画《きかく》担当））

佐藤悠人《さとうゆうじん》（幸福の科学広報局法務室長 兼 ＨＳＵ講師）

大川紫央《おおかわしお》（幸福の科学総裁補佐）

［質問順。役職は収録時点のもの］

1　仙台《せんだい》講演会の前夜、突如《とつじょ》、現れた文藝春秋《ぶんげいしゅんじゅう》の社長の守護霊《しゅごれい》

大川隆法　今から一週間前の三月十三日のことです。仙台《せんだい》のホテルで夜の九時ぐらいに……。

大川紫央　十時ぐらいです。

大川隆法　うん？　十時ぐらいでしたか、突如《とつじょ》、〝襲《おそ》ってきた者〟がいて、びっくりしましたのですが、何かと思ったら、話を聞くかぎり、どうやら文藝春秋《ぶんげいしゅんじゅう》の社長の守護霊《しゅごれい》のようでした（本書第3章参照）。

私はこの方がどんな人か存じ上げなかったので、ちょっと驚《おどろ》いたのですが、あまりにも内容がお下品すぎて、「これは、記事にするのは忍《しの》びないので、教団内部の参考資料にしようか」と話しているぐらいのものだったのです。まさか、天下の文藝春秋の社長が、このレベルの発言をするとはさすがにショックではあったので、内部資料として、方向づけぐらいに

は使えるかなと話したわけです。

ただ、今、真昼の間に、直接関係している男性職員たちとも話をしてはどうかと総裁補佐《ほさ》から提案がありましたので、どんな人かを試《ため》してみたいと思います。

約三十年ぶりに編集系ではない人が社長になっているというのと、同志社《どうししゃ》大学で新聞学あたりを専攻《せんこう》していて、ちょっと珍《めずら》しい感じはしないでもありません。

それでは呼んでみましょうか。

文藝春秋社の社長、中部嘉人《なかべよしひと》さん、文藝春秋社の社長、中部嘉人さんの守護霊をお呼びしたいと思います。


（約十五秒間の沈黙《ちんもく》）

2　文春報道の原動力は嫉妬心《しっとしん》

仙台《せんだい》の講演会前に現れた理由は？

中部嘉人守護霊　うーん。だから、「ちょっと危ないんじゃないか」って言ったんだよなあ。

小林　ああ、それは新谷《しんたに》さんに言ったんですね。

中部嘉人守護霊　うーん。ちょっと危ねえんじゃないかなあとは思ったんだけど。

小林　なるほど。

中部嘉人守護霊　去年、「週刊文春」でスクープしたときに、幸福の科学から特に大きな動きがなかったんで。あのとき、やられるかと思ったが、なかったんで、まあ、いけるのかなあと。

喜島　もう一つ、チャンスだったかもしれないと？

中部嘉人守護霊　あと、「W・i・L・L《ウィル》」でもなあ、「えらいてんちょう」と対談してたけど、それも、君の反論かなんかぐらいを、ちっちゃい字で載《の》せてたぐらいから、「幸福の科学、意外に弱腰《よわごし》だな」と思って。

小林　それで「やばいな」と思って、焦《あせ》ったので、金曜の夜に、大川隆法総裁のところに行ったという。

中部嘉人守護霊　うーん、まあ……。私としては……、いやねえ、まあ、ウロウロしてたんだけどね。

だけど、千眼美子《せんげんよしこ》主演の「心霊喫茶《しんれいきっさ》『エクストラ』の秘密―The《ザ》 Real《リアル》 Exorcist《エクソシスト》―」をみんなで観《み》てたんで。そしたら、なんか、私、浮《う》き出してしまって。何だか知らんけど、すごい激しく攻撃《こうげき》を受けてるような気になって、こう、出てしまったんで。それで、ついついしゃべってしまった。

喜島　つまり、自《みずか》ら悪霊《あくれい》だということを証明したということですね。

中部嘉人守護霊　いや、悪霊かどうかは知らんけど、その映画はまだ公開されてないからね。よく知らないいんだけど。

佐藤　あなたは、自分が霊だということは認識してるんですか。

中部嘉人守護霊　え？　自分が霊。まあ、霊は霊なんじゃないの。霊、霊、いや、いちおう同志社《どうししゃ》大学だから、それは、そういうことは、うーん。

喜島　キリスト教の大学ですからね。

中部嘉人守護霊　学内で訊《き》けば、「まあ、あるんじゃない」っていうのは、六十パーぐらいはあるんじゃないかなあ。

出版社の社長に「経理出身者」が立った事情を問う

小林　ところで、経理出身の出版社の社長というのは、かなり珍《めずら》しいですよね。

中部嘉人守護霊　そうだね。それは、倒産間際《とうさんまぎわ》の会社しかありえないですね。

小林　ありえないですよね、普通《ふつう》。やっぱり、文春は今、そんな感じなんですかね。

中部嘉人守護霊　うん。（笑）いや、いや、いや。でも、誰《だれ》が書いたかは知らないんだよ。私もそれは知らないんだけどさ、宏洋《ひろし》さんの本のなかで、「幸福の科学は、何百億の赤字が出てる」とかなんか、それ、いや、私は知らないけど。

である)。

喜島　まったく事実ではないですから(注。反対に幸福の科学は完全無借金の巨大黒字体質

中部嘉人守護霊　誰が書いたのか知らんけど、書いてたから、いや、それは「心強いなあ」と思って。

小林　ちょっと与太話《よた》はほどほどにしましてね。要するに、経理出身の社長としては、今回の本の〝やばさ〟から来るところの、こちらのダメージのほうが大きいと。

中部嘉人守護霊　まあ、損害賠償《ばいしょう》自体は、名誉毀損《めいよきそん》とか、そんなのは、大した額は出ないから、そこまで、屋台骨が壊《こわ》れるまではないとは思うんだが。それ以外の幸福の科学の〝場外乱闘《らんとう》〟がちょっと、これ、どのくらいのダメージになるかが計算ができないんで。ちょっとこれが分からない。

小林　場外というか、まあ、リングの上での戦いでね。

中部嘉人守護霊　うーん。

宏洋氏の本を幸福の科学が買い占《し》めすることを期待？

小林　今回、正直、「地に落ちたり」とはいえ、いちおうは、かつて、日本の名門出版社の一角には位置されていたわけだから、そこが出される本にしてはね、これはちょっとひどすぎたな、道を外していたなという部分に関しては、天下国家に明らかにして、しっかりとその部分は責任を取っていただこうと思っているんですよ。

中部嘉人守護霊　いや、かつての創価学会《そうかがっかい》の、その、何？　買い占《し》め事件があったじゃないの。あの日、〝言論弾圧《だんあつ》事件〟の話だけど。創価学会を批判する本を出したら、一日で全書店からみんな消えたっていうのあったよ。あれを君らがやってくれたらものすごく売れるんやけど、なんでやらないんだ。

小林　当会は、そういうことはやらずに、言論戦で戦えますからね。十分戦えるんで、そういうことはやらないんだけれども。だから、本を出しても、別に誰も買わないんですよ。

中部嘉人守護霊　百万部ぐらい買い取ってよ。

小林　（笑）

中部嘉人守護霊　そしたら、ずっと景気、よくなる。

小林　いやいや、一冊しか買わないんですけどね。

中部嘉人守護霊　よくなるから。うん。

ベストセラーを出し続けていることへの嫉妬《しっと》が、社内で高まっている

小林　いずれにしても、それやこれやで、だいぶダメージが来そうなので、新谷さんに、「これはちょっとやばいのではないか」というように言っておいたと。それで心配になって、先週、金曜日に大川隆法総裁のところに出てきたと。そういうわけですか。

中部嘉人守護霊　社長が出てくる場合は、やっぱり会社の危機が来てる場合だよね。

喜島　社長に対しても、本が出る前に警告文を出しましたよね。

佐藤　二回です。あなたのところに届いてますか。

中部嘉人守護霊　いや、まあ、いちおう、君らが訴《うった》えてきてからは、明確に聞いてはいるけどね。

佐藤　訴える前は届いてないんですか。社長宛《あ》てに、弁護士から内容証明郵便を二通出しましたよ。

中部嘉人守護霊　そんな、はっきりは届いてませんよ。まあ、「こんなのが、ちょっと来てます」ぐらいの程度。

小林　確認したいんですけれども、危機は自覚していると。今回の件で、経営上の危機を自覚されているということですよね。

中部嘉人守護霊　だからねえ、おたくは、正攻法で来る場合もあるけど、正攻法でない感じの、「寝技《ねわざ》」を使ってくるときがあるから。「寝技」を使う場合、どういうふうな「寝技」で来るかが、ちょっと分かりかねて。

小林　いや、「寝技」とかね、「表技《おもてわざ》」とかの話は別として、今の経営状況《じょうきょう》からしますと、今回のチョンボをやってくれたことで、ちょっと、〝やばい〟のではないかと。

中部嘉人守護霊　社内でね、やっぱり、おたくへの嫉妬《しっと》は、けっこう今高まってるんだよ。本はもう出して……。だから、ベストセラーは、私たちだって夢なんだよ。ベストセラー作家を抱《かか》え込《こ》んで、本をバーッと出せば、全部ベストセラーっていうの。司馬遼太郎《しばりょうたろう》みたいなのを抱え込んでたら、会社の経営はものすごい安定するよなあ。うーん。

小林　要は、「嫉妬」です、と。

中部嘉人守護霊　そういう意味で、ベストセラー作家がずーっと現役《げんえき》で、もう三十年やり続けてるなんて、ある意味での「嫉妬」はありますよ、はっきり言って。新しい人を発掘《はっくつ》して売り出すコストから考えりゃあね。「嫉妬」は一つある。

あとは、映画とかでもガンガンやりまくってるじゃない。うちだって、原作本が映画になれば、ちょっと売れるから、そちらのほうも、みんな、いちおう見てはいますけどねえ。「映画化したら儲《もう》かるかどうか」とか考えてるけど、映画っていうのはやっぱりリスクがあって、ちょっと恐《おそ》ろしくて、角川みたいには出られない。だけど、おたくは映画も原作に関係なくつくってるじゃない。これって、そうとうなリスクが伴《ともな》うはずなんですよ。

小林　それは、それだけのクリエイティビティがあるからです。そこの部分に少し嫉妬があって、ペン先が滑《すべ》っていると。

中部嘉人守護霊　そっちは、本を売るだけでなくて、映画まで「賞」を狙《ねら》ったり、いろいろやってるから。

喜島　実際、賞も取っていますからね。モナコ国際映画祭では、「最優秀作品賞《さいゆうしゅうさくひんしょう》（エンジェル・トロフィー賞）」も受賞しています。

中部嘉人守護霊　そうらしいけど。だからねえ、出版社を嫉妬させるなよ。だから、「嫉妬させた罪」なんだ、今回は。

●**モナコ国際映画祭**……　2020年5月15日公開予定の映画「心霊喫茶『エクストラ』の秘密―The Real Exorcist―」（製作総指揮・原作 大川隆法）が、2020年2月21日～24日に行われた「モナコ国際映画祭」において、「最優秀作品賞」「最優秀主演女優賞」「最優秀助演女優賞」「最優秀ＶＦＸ賞」の四冠に輝いた。

小林　いやいや。

中部嘉人守護霊　だから、諦《あきら》めろよ。嫉妬させたのが悪いんだから。

赤字の度合いによっては、新谷《しんたに》編集局長を切ることも考える

小林　努力の量が違《ちが》うので、そこはしかたがないんですけれども。いずれにしても、今のやや危機的な状況からすると、新谷《しんたに》氏に関しては、どうされるつもりなんですか。これは、〝やばい〟ですよ。

中部嘉人守護霊　博打《ばくち》だから分かんないよ。これでもし、宏洋氏と新谷氏がタッグを組んで戦い続けて、宏洋氏シリーズ・ツー、スリー、フォー、ファイブ、シックスと続いて、ほかのマスコミがグワーッと飛びついてきて、日本中がこうなって、幸福の科学がガターッと行ったら、新谷の社長だってあるかもしれない。

喜島　もうネタはありません。

佐藤　今、「そうなったらいいな」という話を聞きましたけど、そうならなかったら、どうするんですか。

中部嘉人守護霊　ならなかったら、赤字の度合いによっては、責任が出るわねえ。

佐藤　「週刊文春」もどんどん部数が落ちているでしょう。往時の三分の一ぐらいでしょう？

中部嘉人守護霊　いや、切り方をね。だから、「新谷をどこで切るか」を考えないと。早く切りすぎると、私のクビが次いくから。だから、できるだけ新谷に頑張《がんば》らせて、世間《せけん》が沈静《ちんせい》化した段階ぐらいで切っとけば、私はまだいられるんで。

小林　つまり、今回は、自分に責任が及《およ》ぶレベルの出来事だったと。

中部嘉人守護霊　まあ、危ない。危ない。

「嫉妬《しっと》はマスコミの原動力」「正義なんて分からない」

小林　そういう意味で、「危ない」という自覚はある？

中部嘉人守護霊　いや、九一年の講談社のフライデー事件●も、聞いてみたら、結局は、「講談社が幸福の科学に嫉妬《しっと》した」ということらしいので。

あんな大きな出版社が嫉妬するって。「自分らは、年間千五百点も本を出しているんだ」と。「千五百点も本を出して、千二百人も社員がいて、作家は一万人以上抱えてて。で、作家の卵を食わせながら本を書かせたりして、やってるんだ。一人でやって、こんなにグワーッと広げるというのは、ちょっと、出版界においては許せない」というぐらいの嫉妬を感じたらしいんでね。

そういうことは聞いてるんだけど、まあ、私らもやっぱり感じるので。

●フライデー事件……　1991年、講談社が「週刊フライデー」誌上等で、捏造に基づく悪質な連続記事で幸福の科学を誹謗中傷した。それに対し、同年9月、精神的苦痛や風評被害を受けた信者たちが精神的公害訴訟を提起、抗議活動を行った。

まあ、あの、本当に、年間ベスト二十に、うちの文春が一回も出ないときでも、おたくは二、三冊、ベストセラーが出たりするからさあ。だから、「そのへんは、まとめ買いだろう」って、そのへんの批判も差し込んであるんだろう？　本にはな。確か入ってるはずだから。

やっぱり嫉妬されてるんだよ、マスコミから君たちは。うん。

小林　嫉妬があるからといって、「やっていいこと」と「やっていけないこと」の線引きはあるんですけれども。

中部嘉人守護霊　「嫉妬」はね、マスコミの原動力なんだよ。

小林　それは分かりました。

中部嘉人守護霊　「正義」なんて分からないから、「嫉妬」でこういうことをするんだよ。

小林　今回お呼びした、もう一つの理由があります。経理出身の社長さんの周章狼狽《しゅうしょうろうばい》ぶりのご登場の仕方は、今の経営状況から見ると、分からなくもないものだったと思いますが、金曜の夜にご登場されたときには、ちょっと唖然《あぜん》とするというか、時代錯誤《さくご》というか、びっくりする発言があったので、そのへんも合わせて、「社長のキャラクター」および「文春というところはどういう会社なのか」ということを明らかにしたかったわけです。そこで、幾《いく》つかご質問したいことがあるのですが。

中部嘉人守護霊　あのね、うちの〝元社員〟から、おたくの女性誌の編集長に二人も出したんだからさあ。育てたうちの分を考えれば、君たちは泣き寝入りすべきなんだよ。

小林　一人は女性誌の編集長じゃないですけどね。

3　驚《おどろ》くほど時代錯誤《さくご》な「女性蔑視《べっし》」の体質

「お茶汲《く》み発言」の奥《おく》にある、社内での女性への扱《あつか》いについて

小林　（苦笑）その話は、別としまして。

さっそく、女性の話を、こちらから訊《き》いてもいないのに出されたのですけれども。先日の霊言《れいげん》のなかで、あなたの口からやたら「お茶汲《く》み」という言葉が連発されたので（本書第3章参照）、ちょっとびっくりしました、今、このご時世に。どういう経営方針というか、編集方針でされているのかな、と。

中部嘉人守護霊　だから、出版社は、確かに女性でも、まあ、今ねえ、パソコンの時代だからねえ、男性と同じような仕事ができる時代ですよ。

まあ、今回の日本アカデミー賞なんかもさあ、韓国《かんこく》の女優さんが、ねえ？「新聞記者」

で主演してねえ、取ってるようなところがあるから、女性でもできるということの証明、外人でも構わないぐらいの〝あれ〟だから。

確かに、「男女の差」はなくなってきてはいるんだけど、これが経営に与《あた》える、何と言うかな、「不安定さ」っていうか、それにはすごいものがあってね。昔の、五年ぐらいかそこら勤めたら適当に結婚《けっこん》して辞《や》めてくれるスタイルのときのほうが、経営はもっと安定していたんですよ。

小林　いえ、それは安定ではなくて、要は、そういう人材を登用できるかどうか、その発展の道筋《みちすじ》に乗れるかどうかなのですけれども。

読者にしても、半分は女性なんですよ。ですから、その受け手の側の、編集者の側、特に経営幹部のなかに、女性の感性が分かる人をそれなりに入れておかないと。今、ほかの会社は、ほかの業界はみんな、そちらのほうに向かっているのですけれども、ちょっとびっくりです。前回の発言を聞いたときに、四十年前か五十年前の社長さんのコメントを聞いているようで、やや驚《おどろ》きました。

中部嘉人守護霊　いや、そりゃあ、〝控《ひか》えめ〟に言ったのよ。

小林　では、もっとすごい方針なんですか。例えば……。

中部嘉人守護霊　あのね、うちもそうだし、ほかんところも、だから、ほぼ一緒《いっしょ》だと思うけども、作家が本を書いて売れるようになるまでの間に、時間がかかるんですよ、普通《ふつう》。五年や十年かかることが多いんで、出版社といえども、ある意味で銀行みたいなもんで、融資《ゆうし》してるようなもんで、〝長期融資〟してるんですよ。五年間食べさせ、十年間食べさせて、作家にして育てていくっていうか。彼らは書いたもんだけで食っていけないからね、とても。それを育てていく、そういう〝融資〟があるわけよ。

それでやって、そんなところに女子が実は入《はい》れて。だから、女子の編集者っていうのは、みんな、〝キャバクラのいい代わり〟なのよ。「原稿《げんこう》を取りに行く」と称《しょう》して、先生を遊ばせるのが仕事であったのよ。

小林　要するに、女性はそういう役割をしてくれさえすればいい、と。

中部嘉人守護霊　そうそう。キャバクラに行く金がないからね、貧乏《びんぼう》作家は。だから、文春の、顔はちょっと目をつぶって、そう大したのはいないけども、少しおばちゃんになっとるけど、まあ、許してくれということで、タダだからということで。それで、「先生、頑張《がんば》ってください」って言って、「いや、ストレスが溜《た》まってなあ」って言ったら、そしたら、お世話する、と。

（以前、博報堂《はくほうどう》で勤めていた喜島を指して）博報堂とか、そんなの知ってるだろう？　ちゃんと。みんなやってることじゃないか。

喜島　いや、そんなことはないです。

小林　それが、実は、社内の「隠《かく》れた常識」になっているということですか。

中部嘉人守護霊　そう。だから、これ、そういう接待みたいなのをやってるわけよ、結局は。それがねえ、やっぱりねえ……。

小林　そうすると、作家付きとか、いわゆる書籍《しょせき》の女性編集者というのは、基本的に、そういう接待をしなければいけないのですね。

中部嘉人守護霊　うん、そうですよ。だって、男なんか来たって、怒《おこ》るもん。

小林　要するに、そういう接待係なのですね？

中部嘉人守護霊　うん。だから、御茶《おちゃ》ノ水《みず》の、あの有名なホテルがあったやないの？　何だっけ？　前、作家がよく……。

小林　山《やま》の上《うえ》ホテルですか。

中部嘉人守護霊　そうそう、例えばね！　よく閉《と》じ込《こ》めて。それで、あれ、行くの女性なんですよ。女性の編集者が行って、「先生、どのくらい進んですか?」って言って、読ませてもらおうみたいな感じで、差し入れしたり、ご飯《はん》を持っていったりして接待して、ついでに〝夜の接待〟までしてしまう。こういうふうにして、書かせなきゃいけない。

「君、ここが、どうも筆が乗らないんだ。どういう描写《びょうしゃ》にしたらいいかな? やっぱり、これ、ちょっと実践《じっせん》やらなきゃいけないけど、銀座《ぎんざ》へ行くと時間がかかるしねえ」なんて言われたら、「分かりました」みたいな感じで。

小林　そうですか。そういう噂《うわさ》は聞かないでもなかったのですけれども、要するに、それは、ごく一部の話ではなくて、けっこう……。

中部嘉人守護霊　うん、だから、それだから、大川隆法がだねえ、これだけ本をね、全部ねえ、印税を寄付してねえ、タダでやるはずがないでしょうが!

小林　ああ、あれだけ、ないことないこと、女性に関して並べたのは、実はそれが理由だったのですね。

中部嘉人守護霊　あるわけがないんだ。あるわけないんだよ。実態は金正恩《キムジョンウン》と一緒で、〝喜び組〟が絶対に何かやってるはずなんだよ。

小林　そう思っていたのですか。

中部嘉人守護霊　うん、絶対〝喜び組〟がいるはず。

小林　あっ、これで、なぜ、あのテーマにあそこまで、あんなに編集サイドが食いつくかというねちっこさがよく分かりました（笑）。

中部嘉人守護霊　うん、そう。いや、本当は〝喜び組〟まで突《つ》き止めたかったんだけどな。

喜島　もう完全に男尊女卑《だんそんじょひ》の考え方で。

中部嘉人守護霊　いやぁ、まあ、そらそうですよ。もとからそうですよ。

喜島　いろいろな経営能力も含《ふく》めて、女性が持っている能力といったものを引き出すつもりは、まったくなかったということですね？

中部嘉人守護霊　いや、だから、神は、女性を男性の脇腹《わきばら》の骨を一本取って、土をまぶして人間にしたんだからね？

「ご接待が女性の付加価値」と考える中部氏守護霊

小林　ちょっとお訊きしたいのは、まあ、要するにこれは、公開前提の霊言だというのはお分かりでしょうから、こういう話をこうやって話せるということは、別に文春の……。

中部嘉人守護霊　常識、常識だから。常識じゃん。

小林　何と言うか、女子社員や、出版系、出版社のいわゆる女性編集部員にこういう話をしても、まあ、みんな、「そんなものかな」と取ってくれるから……（苦笑）。

中部嘉人守護霊　まあ、そら、新潮社だって集英社だって、もう「やって、やって、やって」よ。角川なんか、春樹《はるき》さんのときにはもう目茶苦茶《めちゃくちゃ》だから。

小林　角川などは分かりますけれども（苦笑）。

中部嘉人守護霊　ああ、それはもう、コンチキ号だ何だ知らんが、海賊船《かいぞくせん》までつくって遊んでるぐらいだから、それは〝やりたい放題〟だよ。

小林　いちおう硬派《こうは》という仮面はあったのですけれども、まあ、文春さんに関しては、その仮面はいまだにあるのですが、内実は、女性編集の仕事プロセスというのは、実はそういうことだったと。

中部嘉人守護霊　ＮＨＫだって一緒だよ、何言ってるんだ、君。知らないのか？

小林　いや、まあ、確かに。

中部嘉人守護霊　ＮＨＫだって、キャスターの一つのポストを取るために、十人ぐらいがもう並んでんだよ、客待ちで。空《あ》かないかと思って、もう十人ぐらい美しい女性が、一生懸命《いっしょうけんめい》、こうやってやってるんだよ。つついてんだよ。

小林　要するに、出版社にとっての女性の価値というのは、そういった接待係？

中部嘉人守護霊　そうだよ。

男が、君みたいなんがさ、山の上ホテルに取りに来たってさ、「へーん、まだ書けてません！」って、「全然書けてない。三日後に来なさい」って言う。まあ、そんなもんですよね。ほかのを書かない。

小林　それで、あの手この手を使って、ご機嫌《きげん》を取るための接待要員であるというのが、唯《ゆい》一《いつ》……。

中部嘉人守護霊　うん。そうそう。すき焼きを食べさせるぐらいでは、そんな簡単に進まないんですよ。

小林　ええ、進まないから、いろいろなことをご接待しなければいけないので、そこに唯一、女性の付加価値が生まれると。

中部嘉人守護霊　うん。だからね、大川隆法がこんなにねえ、本を年間百冊以上書くなんて、ありえないんですよ！　こんなこと、出版の常識的にはありえないので。
それは、池田大作《いけだだいさく》的に、聖教新聞社がかつて千何百人も置いて、みんなで総がかりで書いてるっていう場合と、もし、本人が本当に超人《ちょうじん》的に霊言とかを称してやってるとしたら、それは〝喜び組〟が、やっぱり何十人かいるんじゃないかと。

小林　でも、よく分かりました。
金曜の夜に突然《とつぜん》来て、経営上の危機だという話のわりには、話のレベルがズズズズッと落ちていき、正直、「この人大丈夫《だいじょうぶ》かな?」と思ってしまったのですけれども、今のでよく分かりました。

中部嘉人守護霊　そんなに働くはずないんで、人間が。人間は働かない。

小林　ああ、働くはずがないし、それは会社のなかでも業界のなかでも、要するに、業界の女性社員、女性編集者というのは、それが常識だと。

中部嘉人守護霊　そらそうですよ。だから、面接のとき、今はちょっと怒られるから言いにくいけども、ちょっと一昔前の面接だったら、「君、まさかバージンじゃないだろうね」って、面接でそれをやって。そんなバージンなんか採りませんよ。

小林　そう訊いたのですね?

中部嘉人守護霊　うん。ちゃんとねえ、それはねえ、男何人かとやってなきゃあ採らないですよ。そうしないと接待できないもん。

喜島　これは、中部社長ご自身が面接官をしたときに、そういう質問をしたということですね？

中部嘉人守護霊　えっ？　いや、いやいやいやいやいやいやいやいや。それは言えない。それは分からない。まあ、それは常識として、〝空気〟として、〝空気〟がそんな感じだったっていうことだな。うん。

幸福の科学のストイックなスタイルに衝撃《しょうげき》を受ける

佐藤　では、少し話は戻《もど》るけれども、あなたは霊として大川総裁のところに来て、見ていてどうでしたか。あなたが思っているとおりの人だったんですか。

中部嘉人守護霊　いや、そんなにめったに来れないから、そんなによくは分からんが。

佐藤　来ている間はどうでしたか。

中部嘉人守護霊　奥さんいたよ？

佐藤　ええ。それで？

中部嘉人守護霊　奥さん怖《こわ》い。怖かったよ。怒られてさ。あんまりひどい言葉を使われるから、それが活字にならないと言われてるぐらいやから。もう……、うーん、まあ、それこそ、本当は言いそうな感じ。「悪魔《あくま》の血が流れてる」って、本当に言いそうなぐらい。そのくらいの……。

喜島　いやいやいや、とんでもない。

佐藤　いやいや。ウロウロしてたんじゃないんですか。

中部嘉人守護霊　あ？

佐藤　十三日のそのやり取りの話はいいですよ。その前後にも、ウロウロしてたんじゃないんですか。

中部嘉人守護霊　いや、そんなに煩瑣《はんさ》には来てないけど。

佐藤　今日はどうなんですか。

中部嘉人守護霊　「ちょっと危ないな」っていうあたりをチラチラ、まあ、最近は、そういうことはあったね。

佐藤　最近は？

中部嘉人守護霊　それまではないけどね、来てないけど。

佐藤　最近は、見ていてどうなんですか。あなたが思っているとおりでしたか。

中部嘉人守護霊　うーん、まあ、幸福の科学っていうのは、われわれから見ると、ちょっと考えられないんだ。だから、このスタイルが、もし、出版社のスタイルなら、社長の私が年百冊も本を書かなきゃいけないっちゅうことになるから。

喜島　そうですね。そのとおりです。

中部嘉人守護霊　「そんなのありえねえ！」って。絶対ありえないんで、それはもう、辞表を出すわ。それは無理だから。

佐藤　あなたができないのは、分かります。

中部嘉人守護霊　うん、できないですよ。できるわけがない。

佐藤　で、幸福の科学はこうなんですが、霊として自分で見たでしょう？

中部嘉人守護霊　うーん。まあ、今してるから、こんなのだろうけどさあ。うーん。

佐藤　うん、それは認めますね？

中部嘉人守護霊　うーん、まあ……。でも、宏洋《ひろし》があれだけ〝エロい〟からさあ、それは分からないじゃないか。〝エロい〟男で。

喜島　でも、それは彼自身の、人間としての至らなさの部分でありますけれども。このままでは、文藝春秋《ぶんげいしゅんじゅう》はまた幸福の科学を穢《けが》して、「謝罪広告」を出さなければいけなくなりますよ。

中部嘉人守護霊　ああ、前回のきょう子《こ》さんのときのあれも、ねえ？「大川隆法、七人の女」とかいって、何かやったけど。

喜島　そのような女性問題はなかったです！

中部嘉人守護霊　きょう子さんが言ってたからねえ。まあ、言ってたけど。

小林　いや、今、弁護士が訊いたのは、「金曜日の夜に総裁のところに行って、そのようなことはなかったですよね？」ということを、ただ単に確認したかったんです。

中部嘉人守護霊　奥さんが怖いことだけは確認できたから。

小林　ですから、それ以外のことは何にもなかったと。

中部嘉人守護霊　うーん。それは無理でしょう。うん。

喜島　無理だと分かったんですね？

中部嘉人守護霊　うーん。いや、それはねえ、「すき焼き」も出ないんだよな？　ほんっとにもう。よくあんな貧乏くさいもんを食って、やっとるわねえ、ほんとに。衝撃《しょうげき》だね。まあ……。

小林　いや、衝撃はこちらのほうです（苦笑）。

中部嘉人守護霊　カロリー制限をして、やってるからさあ。本当に衝撃だわ。

小林　いや（苦笑）、このセッションが非常に衝撃です。

中部嘉人守護霊　いやあ、だから、翌日の朝ご飯、ホテルに泊《と》まったときだけ朝食が食べられるっていうんで、うれしそうに朝食を食べてたから。ベーコンエッグに、何だ？　パン一切れだけの。これがごちそうなんだって。普通は食べさせてくれないんだって。

小林　ですから、質素でいらっしゃいますよね。それは健康管理ですから。

中部嘉人守護霊　普通はニンジン・リンゴジュースか、あとはヨーグルトぐらいしか食べさせてくれずに仕事をしてるらしいのに、講演会のときだけ、普通の人間が食べる朝食が食べられるんだって。

小林　ですから、理想的な修行者《しゅぎょうしゃ》としてのお姿をご覧になられたわけですよね？

中部嘉人守護霊　ああー。まあ、「ちょっと、こんな安いのでいいのか」っていう感じがちょっとありましたね。

小林　それが、霊言をするには必要な部分なんですけれども。

中部嘉人守護霊　だから、それをね、出版社に認めさせてはいけない。出版社がこれだったら、社長はみんな死ぬよ？　首吊《くびつ》りするから。認めさせちゃいけない。

4　文春の経営危機と無責任体質

文藝春秋《ぶんげいしゅんじゅう》は経営的にどうなのか

喜島　あと、中部社長は同志社《どうししゃ》大学時代に映画サークルF.B.I.を創部して、自主映画をつくっていたということですが、このあたりも、「幸福の科学が映画をつくって、モナコ国際映画祭で最優秀《さいゆうしゅう》作品賞を取っている」といったことに対する嫉妬《しっと》になっているのではないですか？

中部嘉人守護霊　古いな。君、古い情報……。いや、映画はちょっと気にはなったよな、確かにな。やっぱり、「映画をつくれる出版社」っていうのは、数が限られてるので。

まあ、「原作があって映画になる」っていうのは、それはあるけど。うーん、まあ、小説が原作になるというよりは、マンガから映画へのほうが、数ははるかに多いからなあ。マンガやアニメからが多いから。まあ、映画とリンクすれば、もっと売れる「角川商法」みたいなのができる可能性もあるんだけど、リスクもあって、あんまりのめり込《こ》めないし。活字で地味にやる仕事は、あんまり合わないんだよね、あれをやると。

喜島　文藝春秋《ぶんげいしゅんじゅう》も本当は「映画をやりたい」という気持ちはあるんだけれども……。

中部嘉人守護霊　うん。やりたい。やりたい！　気持ちはある！

喜島　それができない。それをやっている幸福の科学に嫉妬した。

中部嘉人守護霊　私が社長をやってるかぎり、まずできない。うん。いや、映画は好きなんだけど、映画をやったらもう、倒産《とうさん》するから。だって、金が全然違《ちが》うもん。だから、原稿料《げんこうりょう》とかは、まあ、遅《おく》らせればさあ、本が売れたあと、確定できたら払《はら》ってもいいけどさあ。映画は先に金が行っちゃうからね。

小林　少し話を戻《もど》します。ある意味で今日のメインテーマの一つであった「文藝春秋の女性観」に関しては、あまりにも分かりすぎるぐらいに分かったので、これはこれで一つの内容ができました。

中部嘉人守護霊　君、そんなんではねえ、取材できないよ？　文春に勤められないよ？　それはやっぱりねえ、そこへ突《つ》っ込んでね、「本当に『お茶汲《く》み』って言ってますか？」とか突っ込まないとねえ、ジャーナリストとしては、君、失格だよ。

小林　十分に伝わったからいいんですけれども。

それで、いちばん最初のテーマに戻りますが、要は、今回、この件に関しては、幸福の科学としては断固として許さないところがあるんですよ。

もう徹底《てってい》的に追及《ついきゅう》しますから。要は、社長として経営的にどうなんですか？

中部嘉人守護霊　な、な、な、何？（笑）　何？　うん？　株主総会かよ？

小林　まあ、そのようなものです。

中部嘉人守護霊　「経営的にどうですか」って……。

小林　これは徹底的に追及します。

中部嘉人守護霊　今の環境《かんきょう》から見たら、安倍《あべ》政権の失敗からさあ、消費税上げをしたものの、こんな「リーマンショック級」を超《こ》えることが起きてしまって。

小林　デパートでも三十パーセント以上、売上減ですから。

中部嘉人守護霊　ええ。まあ、これは……（笑）。いや、本当は、宏洋《ひろし》氏のやっているYouTube《ユーチューブ》みたいな？　あんなのにいっぱい取られているから、本当はあちらのほうを閉鎖《へいさ》してもらわないと危ない。紙のほうはもう危ないぐらいだよなあ。

だから、いやあ、これは、出版不況《ふきょう》が確実に来ると思う。

小林　確実ですよね？

中部嘉人守護霊　確実に来る、うん。

小林　しかも、かなりの出版不況が来ますよね？

中部嘉人守護霊　かなり来る。だから、ここみたいに、原価をかけないで取材ができて、本がつくれるっていうの？　これはやっぱり許せない体質なんだよなあ。

「経済状況《じょうきょう》の厳しさ」から〝裏取り引き〟を持ちかけてくる中部嘉人守護霊

小林　もう一つは、本当の意味で、やはり、ファンといいますか、毎週毎週、毎月毎月の固定読者を持っていらっしゃらないので。

中部嘉人守護霊　うん。そうそう。まあ、文春ファンはいるけどね。

小林　まあ、薄いでしょう。

中部嘉人守護霊　確かに、「文春の本なら必ず買う」ということはないな。うん、確かにねえ。

小林　経理出身の社長なら、実際に数字をご覧になっているのでお分かりだと思うのですけれども、そういった経営上の面から、今回の件と経済状況《じょうきょう》を合わせて見ても、やはり、かなり厳しくなると思いますよ。

中部嘉人守護霊　だからさあ、〝裏取り引き〟しない？

小林　裏取り引きしたいぐらいなんですね?

中部嘉人守護霊　「宏洋本をちょっとで止めるから、おたくのほうで、文春を十万部ぐらい信者に買わせ続ける」とか、「何かほかの本を買ってくれる」とか、でなければ、「うちで出している本を映画化する」とか、そういうバーター(交換《こうかん》)なんかをしてくれれば、ちょっとは緩《ゆる》めてもいいよ。

小林　要するに、経理的に見て、そのくらいやらないと、今回の件は持たないという感じですか。

中部嘉人守護霊　だから、誰《だれ》か接待係がいて〝モミモミ〟しないと、ちょっと危険は危険だな。

小林　幸福の科学に対する接待係が要《い》るということですね?

中部嘉人守護霊　うんうんうん。何かないと、ちょっとまずいなあ。

小林　そこまで来ているわけですか。

喜島　この本に関しても、いちばん最後で、「大川総裁のインタビューを、何とかできないか」と言ってきたのも、このままでは、宏洋だけでは売れないと見て、それで、これに大川総裁のインタビューが付いたら売れるだろうというように踏《ふ》んだと、そういうことなんですね？

中部嘉人守護霊　いや、出てくれてもいいんだよ。こんなの、おたくで売らないで、文春で、「私は、そんなことはしていなかった」というので出してくれてもいいんだよ。それは信者が買うだろう？　まあ、それでもいい。

喜島　それを狙《ねら》ったわけですか。で、それを幸福の科学に断られたから……。

中部嘉人守護霊　いやあ、幸福の科学出版で出したら、そりゃ信用がないじゃないか。文藝春秋で出すから信用があるんだよ。

喜島　いえ、文藝春秋には、まったく、信用はありません。

中部嘉人守護霊　息子《むすこ》はねえ、文藝春秋から本を出したというので、「親父《おやじ》を超えた！」と、こう言っているので。

小林　それだと、ただの「総会屋の商法」になってしまいますので、その議論は、少し置いておきたいと思います。

では、今回は、やはり、そのくらいのところまでダメージが大きかったということですね？

中部嘉人守護霊　いや、まだダメージは出ていないが、出るかもしれない可能性があるということだね。〝危険警報〟は出ている。

「幸福の科学の〝インチキの構図〟を暴《あば》かないと、生きていけない感じはある」

喜島　これで、もう一回、「謝罪広告」を出したら、文藝春秋はどうなりますか。

中部嘉人守護霊　謝罪広告より先に、なんか、もうちょっと「きついこと」が起きるんじゃないかな。

裁判所は遅《おそ》いから、まあ、何年か遅れるんで、そのとき、週刊誌はみんな食っているので。裁判所の判断はいつも遅いので。何年かはかかるので。

喜島　それは、どういう「きついこと」が起きると考えているんですか。

中部嘉人守護霊　だから、きついことは、幸福の科学は、「コブラツイスト」とか「四の字固め」とか「空手《からて》チョップ」とか、いろいろ技《わざ》を持っているから、何か仕掛《しか》けてくるかもしれないから。

喜島　どういうことをされたら、いちばん嫌《いや》ですか。

中部嘉人守護霊　うーん……、「信用を落とすこと」を考えるだろう？　まずは。「何をすれば信用が落ちるか」ということを考えて、みんなでチームを組んでやられると、ちょっと鬱《うっ》陶《とう》しいことは鬱陶しいなあ。

喜島　もうすでに信用は地に落ちていますが、さらに信用が落ちるようなことをされると、それも嫌だということですね？

だいたい、このような嘘《うそ》ばかりついている宏洋氏を持ち出すこと自体が、すでにもう信用を落とすようなことにはなっていますけれども、それ以外にもまだ何かあるということですね？　これを暴《あば》かれたら信用が落ちるというようなことがまだある。それは何ですか。

中部嘉人守護霊　うーん……、まあ、ベストセラーなんていうのは、あれは、だいたい「談合」して決めているものだからね？

喜島　談合で決めているんですね？

中部嘉人守護霊　何位にするかとか部数とかは談合して決めるものなので、ええ。それは、日本のアカデミー賞と一緒《いっしょ》で、談合して決めているものなので。君らはそのなかには入れてもらえないことだけど。

やっぱり、三十年間、ベストセラーで続けているというのは……。

喜島　談合なしで。

中部嘉人守護霊　何とかこの〝インチキの構図〟を暴かないと、われわれは生きていけないみたいな感じはある。うん。

佐藤　それは「幸福の科学のベストセラーというのは談合じゃない」と、今、認めたということですね？

中部嘉人守護霊　まあ、今は知らんが……、いや、いやあ、談合はないよ。それはない。談合はないけども。談合っていうのは出版社業界での話し合いだからね。

それで、例えば、「東宝の映画は必ず賞を出す」とか、そんなような、例えばね。要は、出版社で言うと、持ち回りで、「今年の年間ベストセラーは○○社にする」とか、これは、だいたい持ち回りで決めるので。数字はだいぶ盛ってるからね。実際の売れた部数を盛ってるので。それは持ち回りで、景気対策のためにやることではあるが、そのなかには（幸福の科学出版は）入ってないことは事実。

ただ、「三十年やってる」っていうことは……。まあ、初期のころのやつは、そりゃ実力でやってるとしか、やっぱり思えないから。「三十年間売り続ける」ったら、もうかなり……。「三十年」って、赤川次郎《あかがわじろう》ぐらいしか存在しないんじゃないかなあ、かつて。もう、今いないねえ。

「最大の不祥事《ふしょうじ》」と言われても、自分は合理的だと思っている

小林　ある意味でね、〝コブラツイスト〟ということで言いますと、最大の不祥事《ふしょうじ》は、あなた自身かもしれません。

中部嘉人守護霊　えっ、なんで！　そんなことはないでしょう。

小林　いやいやいや。（笑）だって、びっくりしましたよ。

中部嘉人守護霊　なんで！　なんでだよ！

小林　いや、もう、ものの見事に、社長のキャラクター、および、その考えていることが分かりましたし、特に、女性問題や女性観については……。

中部嘉人守護霊　いや、〝プラグマティック〟なんだよ。単にプラグマティックなんだよ。「信仰《しんこう》」ではやってない。プラグマティックにやってる。

小林　ええ。その姿を、これから、公開・開示をしようかと思いますので。だから、ある意味では、最大の〝爆弾《ばくだん》〟は、社長自身のね……。

中部嘉人守護霊　そんなことはないですよ。

小林　いや、いや、いや。

中部嘉人守護霊　やっぱり、大川隆法のこの活躍《かつやく》ぶりを見れば、「裏が何かなかったらおかしい」って考えるのがマスコミ人なんですよ。その裏の構図、仕組み……、みんながまだ知らない仕組みが何かあるに違いない。

小林　だから、「霊言《れいげん》」というのは、そうやって収録されるんですけれども。いずれにしても、今回、こういったかたちで現れて、今、「いちおう〝硬派《こうは》の仮面〟は持っていたけれども、実は、女性観に関するところに象徴《しょうちょう》されるとおり、こういう人物でした」ということが……。

中部嘉人守護霊　そういう意味では、それは経営的に考えて、「お金の問題」として合理的に言ってるだけのことで、おたくの経理局長を呼んだって同じことを言うよ。

喜島　いや、そんなことはありません。

中部嘉人守護霊　それは一緒だ。それは一緒だよ。まったく一緒だよ。一緒だよ、そんなの、当ったり前じゃないか。

喜島　違いますね。

佐藤　というふうに、あなたは思っているんですね？　「よその人は、誰でもそのように考えている」というふうに思うんですね。

「女性の中身を見て抜擢《ばってき》する」という見方は理解できない

中部嘉人守護霊　いや、宏洋氏の話を見れば、「若い二十代の女性が、専務だ、常務だ、理事長だになって、ウン千万とか出る」とか言ってるから、これはおかしすぎるからさあ、ありえん。

喜島　それは、あなたがた文藝春秋と違って、女性の経営能力まで見抜《みぬ》いて、それを引き出そうという試みをしているからですよ。

中部嘉人守護霊　ああ、ありえない、ありえないー。そんなことをやったら、もう、一発で倒産ですから。ありえないですよ。

喜島　でも、幸福の科学は、全然倒産していませんし、発展しています。

郵便はがき

料金受取人払郵便

赤坂局
承認

7468

差出有効期間
2021年10月
31日まで
(切手不要)

1 0 7 - 8 7 9 0

112

東京都港区赤坂2丁目10−8
幸福の科学出版(株)
愛読者アンケート係 行

ご購読ありがとうございました。
お手数ですが、今回ご購読いただいた書籍名をご記入ください。

書籍名

フリガナ お名前	男・女	歳
ご住所 〒 都道府県		
お電話( ) —		
e-mail アドレス		
ご職業	①会社員 ②会社役員 ③経営者 ④公務員 ⑤教員・研究者 ⑥自営業 ⑦主婦 ⑧学生 ⑨パート・アルバイト ⑩他( )	
今後、弊社の新刊案内などをお送りしてもよろしいですか? (はい・いいえ)		

愛読者プレゼント☆アンケート

ご購読ありがとうございました。
今後の参考とさせていただきますので、下記の質問にお答えください。
抽選で幸福の科学出版の書籍・雑誌をプレゼント致します。
（発表は発送をもってかえさせていただきます）

1 本書をどのようにお知りになりましたか？

① 新聞広告を見て ［ 新聞名：　　　　　　　　　　　　　　　　　　　］
② ネット広告を見て ［ ウェブサイト名：　　　　　　　　　　　　　　　］
③ 書店で見て　④ ネット書店で見て　⑤ 幸福の科学出版のウェブサイト
⑥ 人に勧められて　⑦ 幸福の科学の小冊子　⑧ 月刊「ザ・リバティ」
⑨ 月刊「アー・ユー・ハッピー?」　⑩ ラジオ番組「天使のモーニングコール」
⑪ その他（　　　　　　　　　　　　　　　　　　　　　　　　　　　）

2 本書をお読みになったご感想をお書きください。

3 今後読みたいテーマなどがありましたら、お書きください。

ご感想を匿名にて広告等に掲載させていただくことがございます。ご記入いただきました個人情報については、同意なく他の目的で使用することはございません。

ご協力ありがとうございました！

中部嘉人守護霊　だから、テレビでは、そらあさあ、女優さんが切り回ししてるようなドラマ、週刊誌の「知らなくていいコト」みたいな、あんなこともあるけども、実際上は、あんなことはありえないんで。

小林　要は、「性別とか年齢《ねんれい》とかにかかわりなく、その中身を見ていく」ということなので、それが正しい見方ですから。違う物差しを持っていて……。

「新谷《しんたに》氏に責任を取らせる」「私には責任がない」

中部嘉人守護霊　まあ、週刊誌なんか見出しで売ってるだけなんで、「見出しがいかにセンセーショナルか」っていうことで勝負は決まるので。

小林　それだけだということですね。

中部嘉人守護霊　それで、みんなが反応するものは何かっていうと、やっぱり、「金」「女」、それから「犯罪」、それから「近親の憎悪《ぞうお》」とか、そんなようなものですからねえ。

喜島　つまり、金も女も犯罪も全部出てこないので、「近親憎悪」だけを何とかネタにできるかと思ったんだけれども、〝また空振《からぶ》った〟ということですね。

中部嘉人守護霊　〝空振った〟かどうかはまだ分からない。宏洋氏も力を蓄《たくわ》えてるかもしれないから、頑張《がんば》るかもしれないじゃん。これから、まだ巻き返すかもしれない。

喜島　いや、いや、いや、いや。この一冊で、すべてネタは出尽《でつ》くしましたから、もうあとはないです。

中部嘉人守護霊　いやあ、なんか、次の映画で世界に出るそうだから、まあ、そうかもしれない。

喜島　あなた、宏洋氏の映画「グレー・ゾーン」のトレーラー、予告編を観《み》ましたか。

中部嘉人守護霊　知らないよ。よくは知らないんだよ、私は。

喜島　それに対して、もう百以上の、今まで宏洋氏を応援《おうえん》していた人たちからも、「これは高校の文化祭レベルだね」「とてもじゃないが太刀打《たちう》ちできない」というコメントばかりでした。

中部嘉人守護霊　それについては、新谷《しんたに》に責任を取らせるので、私の責任じゃない。新谷に責任を取らすから、それについては。そのコンテンツについては、ちょっと、私は知らないから。

喜島　要するに、新谷さんに責任を取らせて、自分は逃《に》げ延びるつもりですね？

中部嘉人守護霊　いやあ、私は、もともと責任がないもの。もともとないので。

喜島　いや、社長の責任があるじゃないですか。経営者としての責任が。

中部嘉人守護霊　全社の、やっぱり、あり方を考えるので。「社長が本を書いて、ベストセラーを出さないと許さない」などと言われたら、そらあ、もう誰もなりたがりませんよ、こんなの。

小林　いや、それは古典的なテーマでね、講談社時代からあった話で、トップというのは、自社の出している商品のすべてに関して責任があるわけですよ。

だから、それは逃《のが》れられないですね。特に、その影響《えいきょう》が大きくなってきたら逃れられないので、そこは逃げないでください。だから、今回、影響が大きくなった場合には、あなたに責任が及びます。

中部嘉人守護霊　だって、この程度では。これ、人「殺してない」し、まだ。

「『信仰《しんこう》が傷つく』といった抽象《ちゅうしょう》的なことは分からない」

小林　それでね、もう一つ言えば、今回、あなたのキャラクターが分かりましたんで。前回は「まさか」と思いましたけど、そのときの十倍ぐらい、そういう本心があったんだというのが分かりましたので。

中部嘉人守護霊　いやあ、喜島さんがね、自殺したとか、これでね？　うちの攻撃《こうげき》で自殺して、東京湾《わん》に飛び込んだとかいうんだったら、まあそれは、見舞金《みまいきん》ぐらいは、ちょっとは包んでもいいとは思ってるよ。その程度の後悔《こうかい》はあるよ。うん。まあ、「そこまでやったら、かわいそうだったかな？」っていう。

佐藤　いや、あなたは、「信仰《しんこう》が傷つくのは、人の命より軽い」と考えてるの？

中部嘉人守護霊　人が死ぬほうが、信仰を傷つけるよりも軽い……。いや、殺人なんてそんな、毎週のことですから。

佐藤　どれだけの人の信仰が傷つくかというのは全然考えない。気にならない？

中部嘉人守護霊　いや、そんな抽象《ちゅうしょう》的なことは、私たちは分からないんで。

佐藤　抽象的だからどうでもいい？

中部嘉人守護霊　具体的なことしか分かんないんで。「具体的に何をしたか」なんで、人は。

佐藤　具体的でなければ、もうどんなデタラメを書いてもいいと、こういうことですね？

中部嘉人守護霊　いや、小説っていうのは「空想」もあるからね。うーん。

喜島　いや、宏洋氏が言った「空想の物語」を、これを「事実」だとして出したのは、あなたですよ？

中部嘉人守護霊　うん。

喜島　その責任はあなたにある。

中部嘉人守護霊　うーん。だけどさあ、だけど、うちが食っていけなくなったからさあ、「大川宏洋の〝霊言全集〟を、文春から出しましょう」ったら、あんたら困らないか？

小林　別に。誰が買うかって（笑）。

中部嘉人守護霊　ええ？（笑）　いやあ、いや、分からん、分からん。彼は、霊言出したくてしょうがない。

小林　いや、与太話《よたばなし》だからね。だから、YouTubeをそのまま文字にしたからって、別に誰も買わないですよ。

喜島　YouTubeで彼が霊言のまねごとをしていますけれども、全部、嘘です。

中部嘉人守護霊　だから、「自分が嘘だから、親父のも嘘だ」って言ってんでしょう?

喜島　いやいや、それは、まったく証明にはなりません。彼が嘘つきだということの証明にしかなっていません。

中部嘉人守護霊　うーん。

「今、社長として、どうやって防戦するかを考えている」

佐藤　じゃあ、あなたは宏洋さんの本をまだ出すつもりでいるの?

中部嘉人守護霊　いやいや、「今、どうやって防戦するか」っていうことを考え、社長として考えてるんじゃない。防戦。

佐藤　どうやって防戦するの？

中部嘉人守護霊　え？　だから、攻撃を何で仕掛けてくるかを考えて、防戦手段では何があるかなって考えて。

喜島　今回、「出版差し止め」を求めて訴訟《そしょう》をしましたけれども、これも本当に出版差し止めしてもらいますから。

中部嘉人守護霊　だから、おたくがうちを非難、誹謗中傷《ひぼうちゅうしょう》してるやつを一個一個訴《うった》えることだって、まあ、できないわけではないんだけどねえ。

佐藤　えっ、どこですか、誹謗中傷しているというと？

中部嘉人守護霊　えっ？　だから、こんなの、なかでいろいろ、どうせ、うちの悪口、何か書いてあるんだろ、どうせ。いやいや、知らないけどさ。

小林　文春が、名誉毀損《めいよきそん》で他者をね、取材先を訴えるなんてね、ほとんどお笑いに近いんで。まあ、ちょっとそういう議論は別としましてね。

要は、今、防戦一方になっている。それを今、お認めになられた。

文藝春秋の経営状況《じょうきょう》は「はっきり言って、きついっすよ」

中部嘉人守護霊　だけど、なんかねえ、宏洋氏を、教団経営が厳しくてリストラをやって、「私もリストラをやられるかも分からんなと思ったら、やっぱりその年のうちにクビにされたと。やっぱり教団は苦しいんだと、そうでないと自分が切られるはずがないから」って。まあ、そういう論理だから、数百億の赤字か何かでも出てこないかなあ。

小林　まあ（笑）、別に、詳細《しょうさい》をあなたに言う立場にありませんが、「格付け」で言えば、うちはAAA《トリプルエー》ですよ、はっきり言ってね。だから、そういう議論には付き合わないけれども。

中部嘉人守護霊　マスコミ的には、それはぶっ叩《たた》かなきゃいけない。

小林　そのくらい健全ですよ。

中部嘉人守護霊　いや、宗教でそんなに金が儲《もう》かるのはおかしい、うん。

小林　いずれにしてもね、いや、今ここで議論しているのは、うちの財務状況《じょうきょう》ではなくて、おたくの経営状況の話をしているんで。

中部嘉人守護霊　だから、それはきついっす。

小林　うん、きついですよね。

中部嘉人守護霊　はっきり言って、きついっすよ。だから、女性は「お茶汲みレベル」にして、十五万ぐらいに給料を下げさせてくれれば、うちはもつけど、やっぱり、ほかの人と同じように編集者みたいな扱《あつか》いでいると、ちょっと危ないですね。

喜島　先ほど、「数十人社員を減らした」と聞きましたけれども、もっと減っていきますね、これだとね。

中部嘉人守護霊　いや、まあ、「非正規雇用《こよう》」を増やすしかないよねえ。だから、フリーの使い捨て？　フリーを〝使い捨て〟にしながら、〝リスキーな球《たま》〟を投げさせるっていうか、アタックさせて、そして、問題があったらパッと切るっていう、まあ、それしか方法ないよね。

小林　だから、そうなると、どんどん切っていくというのが基本的な……。

中部嘉人守護霊　だけど、リスキーなやつほど、まあまあ、利幅《りはば》が出ることもあるんで。面白《おもしろ》くて、うん。うーん。

小林　内部的には、これから切っていかなければいけないという、そういう状況になる。

喜島　だけど、お金がないから、裏取り取材もできないと。取材費がないと。

中部嘉人守護霊　いや、でも、この〝コロナ不況〟はちょっとねえ、これ、こたえるよ。さすがに、予想外のところがちょっと出てるので。どうなるか分かんないから。

小林　例えば、コンビニとか本屋さんにも人が行かなくなってしまったらしいしね。

中部嘉人守護霊　うん、いやあ、いやあ、これは、どこまで。

小林　うん、〝やばい〟ですよ。

中部嘉人守護霊　出版は体力の弱いところから潰《つぶ》れていくはずだから、新聞社だって安全じゃないと思うよ。

小林　文藝春秋も、実は、そんなに体力は強くないですよね。

中部嘉人守護霊　うん、宗教だって、今、弱ってるところもあるし、潰れてるところもあるんだからさあ。

5　根本《こんぽん》にある「宗教への偏見《へんけん》」と「倫理《りんり》観の欠如《けつじょ》」

「幸福の科学」と「統一教会」の違《ちが》いが分からない中部嘉人守護霊

中部嘉人守護霊　「宗教だから元気がいい」っていうのもおかしい話だから。物事には必ずねえ、何か仕掛《しか》けというか、仕組みがあるんだよ。だから、幸福の科学が、好況《こうきょう》・不況にかかわらず……、九〇年代なんかは大不況なんだからさあ、その時代に勢力を伸《の》ばしたっていうのは、やっぱりおかしいじゃない。

小林　それが「信仰《しんこう》」というものです。宗教は、ある意味、不況の時代に強いのです。

中部嘉人守護霊　宏洋《ひろし》氏は、なんかね、「霊感《れいかん》商法をもっと攻撃《こうげき》すべきだ」って言ってるらしいんで。幸福の科学は、「マスクをかけなくても大丈夫《だいじょうぶ》だ」みたいなことを言ってるから、ここを攻撃すればいけるって。

小林　よく分かりました。ワンパターンであることが。それは、結局、統一教会のときに、おたくがやっていた話で。

中部嘉人守護霊　うん、そうだ。

小林　「統一教会」と「幸福の科学」の区別がつかなくて。

中部嘉人守護霊　一緒《いっしょ》でしょ？　一緒でしょ？

小林　それで、いろいろなところが沈没《ちんぼつ》していったわけです。

中部嘉人守護霊　一緒なんじゃないの。

小林　いや、違《ちが》う、違う、違う。

中部嘉人守護霊　違うの?

小林　はい。統一教会の霊感商法のところで……。

中部嘉人守護霊　ふうん。霊感商法。

小林　幸福の科学と区別がつかなかったわけですね。その流れのなかで、今回も、いろいろなことを言ってきていますよね。例えば、「結婚《けっこん》強制」の話も無理やりそこから持ってきたし。

中部嘉人守護霊　まあ、統一教会のイメージがあるわな。確かに。

小林　ですから、ワンパターンはワンパターンなんです。そのワンパターンのなかで、次に霊感商法かなんかの話で、もし、そういうことをやるのであれば、あなたがたの命取りになりますよ。

「書いている記事は〝石ころ以下〟。それを金に換《か》えている」という仕事観

中部嘉人守護霊　いや、私はねえ、宗教をバカにしてるわけじゃないんですよ。だから、文《ぶん》鮮明《せんめい》だって尊敬してるんですよ。「道端《みちばた》の石ころでも金に換《か》えろ」って信者に言って、金に換えてたっていうんだ。これはねえ、商売の原点としてはすごいことで、私たちの書いてる記事なんて、ほんとは〝石ころ以下〟ですから。トイレットペーパーみたいなもんだから。それを金に換えてるんだから。

喜島　分かっているわけですね。

小林　その石ころ以下のものを、本に変えているわけですね。

中部嘉人守護霊　そうそう、そうそう。だから、もし、おたくの長男が本当のバカであってもね、これを、「やんごとなき方が墜落《ついらく》された」っていう大事件にすれば、例えば、そうだなあ、「天皇の次の第一順位の方が、こんなことで墜落して、社会的に名誉《めいよ》を失墜した」なんてなったら、それはスクープだよな。まあ、そんなような感じにならないかなあという。

小林　そうやって話をつくり上げるところで、今回も利益を食《は》もうとしたと。

中部嘉人守護霊　だから、君らも、ちゃんと、創価学会《そうかがっかい》や統一教会やオウムがやったようなことを、やりゃあいいんだよ。宏洋みたいなやつは、夜中、パンツ一丁《ちょう》のときに縛《しば》り上げて、大きな石をつけて東京湾《わん》に投げ込《こ》めばいいんだ。そうしたら、警視庁に見つかったときには、君たちも、同じような事件が出るから。やれ！　やれ！　そうしたら、ニュースになるから。もっとやれよ、ちゃんと、やるべきことを。

喜島　私たちは、そういうことをやる宗教ではありません。

中部嘉人守護霊　YouTube《ユーチューブ》で三百何十本も流すって、もう〝放し飼い〟じゃないか。責任取れよ！　教団……。

小林　要するに、そういうことでもやってもらわないと困ると。

中部嘉人守護霊　うん、やれ！　それが「宗教」だ。「信仰」だろ。

小林　そういうことでもやってもらわないと、「ネタ」ができないので。

中部嘉人守護霊　それが「信仰」だよ。うん。

小林　結局、ネタがないから、代わりに、そういうことをでっち上げて、つくり上げてきたということが、よく分かりました。

「団体としては、攻撃《こうげき》のしようがない」と、幸福の科学のことを見ている

佐藤　他人《ひと》に「やれ、やれ」じゃなくて、どうやって護《まも》るんですか。

中部嘉人守護霊　何を護る？

佐藤　どうやって護るんですか。

中部嘉人守護霊　何を護るの？

佐藤　防御《ぼうぎょ》を考えているんでしょ、幸福の科学から。どうやって護るんですか。

中部嘉人守護霊　●与国《よくに》ってなんか、すごいじゃない。伝説の人斬《ひとき》り……、伝説の人斬りじゃないね（笑）。伝説の不良、いやあ、なんかやってくれないかなあ。宏洋んところに殴《なぐ》り込

●与国って……　与国秀行《よくにひでゆき》氏（幸福の科学広報局部長）のこと。『人はなぜ堕ちてゆくのか。』（幸福の科学出版刊）参照。

みに行ってもらいたいなあ。

喜島　そういうことはしません。

佐藤　さっきから、「幸福の科学から、何か違法《いほう》なことをしてくれたらいいけどなあ」とおっしゃっているんですけど。

中部嘉人守護霊　まあ、それはやってほしいなあ。

佐藤　こちらがどうこうではなくてね、自分のほうは何をやって護るつもりですか。〝偶然《ぐうぜん》の僥倖《ぎょうこう》〟を、幸福の科学の誰《だれ》かが何か悪いことをしてくれるのを待つの？

中部嘉人守護霊　あっ、弁護士だっていうんだったら、あんたのスキャンダルなんていいねえ。講談社（フライデー事件）時代からのスキャンダル弁護士っていうことで、なんかネタが出ないかなあ。

喜島　そういうことはありえません。

小林　破れかぶれだということがよく分かりました。

佐藤　「何もない」ってことでいいんですね。

中部嘉人守護霊　敗戦率九十九パーセントとか。かっこええ。もう堂々と出したらいい。

喜島　いえいえ、とんでもありません。文藝春秋《ぶんげいしゅんじゅう》には勝っていますから。

中部嘉人守護霊　敗戦率九十九パーセント、ナンバーワン弁護士。

喜島　最高裁で、文藝春秋に勝っている弁護士ですから。

中部嘉人守護霊　日本最強の……。

佐藤　要するに、個人攻撃《こうげき》するしかないわけですか。

中部嘉人守護霊　うん、ない。ない。ない。

佐藤　平たく言えば、何にもないわけですね。

中部嘉人守護霊　団体としては、攻撃のしようがあんまりないな、今のところな。

喜島　それは宏洋氏もそうで、総裁にはあまりにも瑕疵《かし》がなく、何の間違いもないので、嘘《うそ》をつき、そして、その嘘に関してガーッとしゃべっているわけです。すべてがこういうパターンです。

中部嘉人守護霊　でも、気持ちは分かるじゃない。長男として生まれて、父親にこんなに仕事されたらさあ、それは苦しかろうよ、人間としてな。それに対して、救いの手を差し伸べながら、片方は、父親のほうに何か小石を投げるぐらいやらないとなあ。

小林　言っては何ですけれども、これは、急成長会社ではよくある話なんですよ。彼のほうにちょっと、社会的知性が足りなかっただけの話です。はっきり言って、上場会社ではよくある話なので。それが分かっていなかった。

ですから、それをネタにして、〝食い物〟にして膨《ふく》らませて、〝食っていこう〟としたところに、今回、文春の社会的な位置づけとの関係で……。

中部嘉人守護霊　いや、弁護士に弁護させてたから。

まあ、同じ〝あれ〟には、安倍《あべ》政権、安倍さんに対する批判もいっぱいやってるけど……、だから、青山《あおやま》学院の法学部を出てるっていうことはだよ、「安倍さんより頭がいい」ってことなんだよ。首相以上の能力を持ってるわけよ、彼は。だから、まだ、〝無限の希望〟があるんだよ、本当は。な？

小林　今のその発言を聞いて、全国の（この公開収録霊言《れいげん》の）視聴者《しちょうしゃ》が、どれだけ唖然《あぜん》としているか分かりますか。

中部嘉人守護霊　青学は少しは有名人はいますからね。成蹊《せいけい》大学はさすがにゼロですからね、彼一人ですから。

小林　そういう話で話題をそらすのは、そろそろやめにしまして。

中部嘉人守護霊　うーん。

「宏洋氏の〝霊言《れいげん》〟は信用できない」という判定が下されている

大川紫央　すみません。

中部嘉人守護霊　はい。

大川紫央　「霊言《れいげん》」に関してですが、おそらく、また何か言ってくると思うのですけれども、宏洋さん自身も〝霊言〟をかなり行《おこな》っていたということが、今回、弟子《でし》から出した二冊の本のなかで、かなり明かされています。「総裁先生が知らないところでも、かなり〝霊言〟をやっていたのだな」ということがよく分かるのですけれども。

週刊誌さんとしては、「信者や職員はみんな洗脳されているから、霊言を妄信《もうしん》しているんだ」というように言いたいのだろうとは思います。

ただ、「総裁の長男」という立ち位置であれば、本来一般《いっぱん》論で言うと、あなたたちが考えるより、内部の人間のほうがもり立てるというか、より重要な人間だと思うようなところなのですが、その総裁の長男が霊言をしたとしても、何回かそれを見た結果、また、日ごろの言動なども見た結果、職員のなかからも、「これは信用できない」という判断が下されているということは、ぜひ知っておいていただきたいなと思います。

中部嘉人守護霊　ふうーん。そうなの。

大川紫央　はい。ですから、「霊言」に関しても、信者も職員もみんな、ちゃんと見ているんですよ。その上で信仰しているというところです。

中部嘉人守護霊　「〝霊言〟なんか無限につくれる」っていうようなことを言っているらしいから。

大川紫央　そんな彼の〝霊言〟を間近で聴《き》いた人たちから、「彼に対して信仰を持つことはできないし、彼の〝霊言〟を信じることはできない」という判定が下されて、今、彼はあの立ち位置に行っているということも、一つあります。

中部嘉人守護霊　何か、「父親は自分ほどの才能がないので嫉妬《しっと》して、コントロールできない長男を追い出そうとしてるんだ」と。「それに対して、同じく能力のない弟子たちが、徒党を組んで、『あんなにできるやつがいたら困る』ということで、追い出そうとしてるんだ」っていうような感じで聞いて……。そういうふうに聞いているんだけどね。

喜島　それが、宏洋氏の妄想なんです。

大川紫央　一般的に、あなたがご覧になって、宏洋さんをどう思いますか。

中部嘉人守護霊　いや、知らないよ。そりゃあ、分からない。

大川紫央　文藝春秋で雇《やと》えますか。

中部嘉人守護霊　いや（笑）、それは、ちょっと……。

大川紫央　面談してみたらどうですか。

中部嘉人守護霊　そちらで給料を持ってくれるのなら、考えますけど。
ただ、「仕事」になるかどうかが、ちょっと分からないので。

喜島　彼は、以前、建設会社にいたこともありますけれども、「出向《しゅっこう》」というかたちで行ったことを、「自分が就職した」と自分の手柄《てがら》であるかのように言っていたこともあります。そういう人間です。

中部嘉人守護霊　ふーん。けっこう「盛る」ことができるんだね。じゃあ、フリーのライターは可能性があるんじゃないか。

喜島　まあ、嘘ばかりつく才能はあるかもしれませんけれどもね。

自分が霊言をしていることを実感する文春社長の守護霊

佐藤　今、あなたは、霊として、霊言をやっているんでしょう？

中部嘉人守護霊　あっ、そう……。うーん。

佐藤　これは、つくりごとですか。

中部嘉人守護霊　これ……、そうかあ、これが霊言かあ。

佐藤　これが霊言ですよ。

中部嘉人守護霊　ふーん。これが霊言なの。ふーん。
いや、これねえ、前回、まあ、一回……、二回目なの。

佐藤　あなたのキャラクターでしゃべっているんじゃないんですか。
前回と今回と、二回しゃべっているんですけれども。

中部嘉人守護霊　二回目ですけど、この前より奥《おく》さんがちょっと優《やさ》しいような気がする。夜だったから怒《おこ》ったのか。あっ、そうか。

佐藤　それは、何か台本があって、しゃべってますか、あなた。

中部嘉人守護霊　いえ、そんなことはないですけど。うーん。

「女性蔑視《べっし》の古い発想」が、文藝春秋《ぶんげいしゅんじゅう》を経営危機に陥《おとしい》れている

大川紫央　この前は、女性に対する蔑視《べっし》、差別、「そもそも女性には能力がないと思われているのだろうな」というスタンスを感じたので、腹が立ったわけです。

中部嘉人守護霊　いやあ、別に、女性がいてもいいんだけど、給与体系は別にしてもらわないと、ちょっともたないので。うーん。

大川紫央　でも、そちらにも、女性の編集長がいらっしゃいますよね？

中部嘉人守護霊　うーん、でも、「ブラック」と言われるといけない。女性のほうを攻撃さ

れるといちばん弱いので。

男のほうは、「ブラック」といっても、まあ、少しもつので。

大川紫央　あと、秘書チームに残るのも、誰でも残れるわけではなくて、仕事能力や精神統一能力などについてかなり厳しく見られます。

それに、秘書出身でない方で、幹部になられている若手の女性もいらっしゃいますし。

中部嘉人守護霊　あっ、そうですか。

大川紫央　幹部をされていても、「能力的にちょっと厳しい」となったときには、実際に降格人事もあります。その上で、また昇格《しょうかく》することもございます。

中部嘉人守護霊　うーん。

大川紫央　あと、幸福の科学のなかでは、若手の男性幹部が登用されることもあります。

そういう意味では、とても後《おく》れた時代錯誤《さくご》の価値観で本を構成されているわけです。そういうことは、私の周りの女性もみんな言っています。

中部嘉人守護霊　まあ、それは幸福実現党も女性が多いから、そういう傾向《けいこう》はあるのかなあとは思うけど。

いや、あなたも奥さん……、紫央さんというのかな? スキャンダルがまだ出せないでいるから。これもスクープなんだよ、何か出たらね。うん。

喜島　出るわけがないです。

中部嘉人守護霊　狙《ねら》ってるんだけど、出せないでいるんで。

喜島　今まで一時間近く話を聞いていて思ったのは、要は、あなたが〝ガン〟ですね。

中部嘉人守護霊　なんで!?

喜島　つまり、女性を蔑視して女性の力を引き出そうとしないような、昭和の時代に置いていかれたようなあなたの古い発想が、文藝春秋《ぶんげいしゅんじゅう》をイノベーションのできない古臭《ふるくさ》い会社にして、経営危機に陥《おとしい》れているということです。

中部嘉人守護霊　そんなことはないですよ。九〇年代の不況を若いころに経験してるので、私こそ、今、対応できる人材だと思ってるんで。

喜島　あなたには新時代の文藝春秋はつくれないということがよく分かりました。あなたが社長をしているかぎり、もう衰退《すいたい》していくだけです。女性の支持は、誰からも得られません。

小林　要は、人的経営資源の半分を潰《つぶ》しているわけですよ。使っていないわけです。二分の一の戦力で仕事をしようとしているので、それは赤字になりますよ（笑）。

中部嘉人守護霊　編集長を女性なんかにしたら、「ブラックだ」と絶対に言われるから、うちだって。それはブラックですよ。編集長の仕事はブラックだから、どう見ても。だから、女性ではやっぱり……。女性ではちょっと使えないですよ、なかなか。

小林　やり方次第《しだい》なんですけれども。

喜島「中部社長が社長をされているかぎり、文藝春秋には衰退しかない」ということが、今日はよく分かりましたので、このあたりで終了《しゅうりょう》させていただきたいと思います。

中部嘉人守護霊　（手元の資料のなかの中部氏の写真を見て）すごく優しい顔で写ってるじゃないですか。これ、いい人じゃない。いい人らしいじゃない。

小林　気が弱い人だということがよく分かりました。

喜島　もう、中身がないということがよく分かりました。

二十歳《はたち》を超《こ》えたら「大人の自己責任」

中部嘉人守護霊　とにかく、実際に文を書く人が〝戦闘員《せんとういん》〟なんで、うちの場合は。まあ、ちょっと私はよくは分かんないけど、彼らを励《はげ》ますのが仕事で、励ますための方法の一つは、経営を安定させることだからね。うん。それを大事に考えて……。

喜島　あなたがやっているかぎり、経営は決して安定しません。衰退して、泥船《どろぶね》のように沈んでいくだけだということが、よく分かりました。どうもありがとうございました。

中部嘉人守護霊　君、那須《なす》で校長をしてた人ではないのか?

喜島　それは、何の関係もないと思いますけれども。

中部嘉人守護霊　それを広報局の常務理事に持ってくるというのは、おたくはどんな人事を

●君、那須で……　喜島氏は、2019年3月まで、幸福の科学学園那須本校の校長を務めていた。

やってるんだ、本当に。大丈夫か?

小林　「異次元発想」ですから。

喜島　人それぞれのいろいろな活《い》かし方を考えてくださるのが、大川総裁です。

中部嘉人守護霊　宏洋の言ってることが正しければ、あなたが教育の責任者だったんだから、君は校長になる資格なんかないはずなんだよ。

喜島　例えば、数学の因数分解を教えて、全員が因数分解をできるようになりますか?「できる子」とすぐには「できない子」がいるでしょう。

中部嘉人守護霊　うーん……、因数分解すら忘れたな。それ、何の……。

喜島　教えても、「できる子」とすぐには「できない子」がいるわけです。できない子は頑《がん》張《ば》ればいいのですが、「頑張りたくない」という子は落ちていくだけでしょう。

中部嘉人守護霊　だから、まあ、両親が東大を出て、因数分解をできないというのは、これが「スキャンダル」ということだな、おたくのなあ。そういうことか。

小林　まあ、そういう理解なんですね。いずれにしても、二十歳《はたち》を超《こ》えたら「大人の自己責任」ですから。

中部嘉人守護霊　まあ、それはそうではあるけど……。

小林　「やれ、そういう教育によってこうなった」とか、そういうことを三十歳《さい》を超えて言っていること自体が、あまりにも子供っぽいので。それはお分かりでしょう？ですから、その論点を持ち出すのはやめましょう。ちょっとバカバカしいですから。

「潰《つぶ》すなら『文春』から潰せ」と言っているようにしか聞こえない

中部嘉人守護霊　だから、この〝コロナ不況〟で「文春」をいじめて、君らだけが〝大好調〟なんてことはあってはならないと思う。

小林　それは、おたくの身から出た錆《さび》だからしかたがないので。

中部嘉人守護霊　ええ？　これ、何冊も本を出すつもりでいるんだろ、今。

小林　いくらでも出せるんですけれどもね。

中部嘉人守護霊　それはちょっとまずいな。

小林　裁判の提出証拠《しょうこ》資料用に、ダーーーッと出してもいいんですよ。

中部嘉人守護霊　いや、それをやられると、「潰《つぶ》すなら『文春』から潰せ」と言ってるようにしか聞こえないじゃない。

小林　次の二十冊をダーッと並べてもいいし、三十冊をダーッと並べてもいいし。そういう意味では、ネタ元満載《まんさい》で、一ページに四つも五つも明らかな誤りを書いてくれて、トータルで数百もあれば、それを〝間違い全集〟にできます。裁判証拠資料として何十冊でも出そうと思えば出せるので。

幸福の科学はそのくらい本気ですから、この件に関してはあまり甘《あま》く見ないで対処されたほうがよろしいかと思います。

宏洋氏の本を「買い取ってください」

中部嘉人守護霊　新谷《しんたに》なんかは宏洋さんみたいな人なんだからさ、基本的には。ああいう人なんで、ほとんど半分は〝妄想のバブル〟なんで。それで突《つ》っ走ってるんだから、否定しないでくださいよ。

小林　ええ。新谷氏の妄想ですね。だから、新谷氏は……。

中部嘉人守護霊　もう、ああいう人がいないとできないんで、うちも。

喜島　あとはもう、社長権限で、宏洋氏の本の出版を自《みずか》ら差し止めるということをしたら救われますよ。

中部嘉人守護霊　いや、買い取ってください。増刷をかけるから。

小林　そのくらい苦しいということはよく分かりました。ありがとうございます。

中部嘉人守護霊　うん。買い取ってください。裁判で負ける場合の費用分ぐらいは買ってください。

小林　そのくらい苦しいんですね。

中部嘉人守護霊　うーん。

喜島　もうこれで、社長が「出版差し止め」を決断しないなら、続きますから。文藝春秋が倒産《とうさん》するぐらいまで続きますから。

中部嘉人守護霊　いや、迷ったんだけど、ちょっと考える時間がなくてね。もう準備ができてたから、本のな。訴《うった》えるならもっと早く訴えてくれよ。

小林　「謝罪」と「撤退《てったい》」はいつでもできるので、それをご検討いただきたいと思います。

中部嘉人守護霊　うーん。

喜島　もう、ぜひ撤退してください。そうしない場合は、あなたのクビも文藝春秋も危ないですよ。

中部嘉人守護霊　あるいは、どうだ。宏洋氏と大川隆法氏が交互《こうご》に文藝春秋で本を出して、非難し合うっていうのは。

喜島　いえ、それはありえませんので。

宗教上の「破門《はもん》」を甘《あま》く見ていた文藝春秋

小林　こういうチャンスはなかなかないと思うので、申し上げておきますけれども、今回の件は、文藝春秋の経営上の命取りとは言いませんが、本当にそこに行く可能性はありますので、これはちょっと知っておいていただいたほうがいいと思います。その上で、本件に関してどう対処されるのか、真剣《しんけん》にご検討いただければよろしいかなと思います。

中部嘉人守護霊　いや、長男をああいうかたちで訴えると思わなかったから（舌打ち）。

小林　ですから、それが宗教上の「破門《はもん》」というものですよ。「破門」になりましたからね。

中部嘉人守護霊　いや、宏洋氏のニュアンスとしては、「こうやって揺《ゆ》さぶれば、父親は必ず折れてくれて、前よりもいいような感じに扱《あつか》ってくれる」っていう考え。

喜島　三十歳《さい》を過ぎて、それが通るわけがありません。

小林　ですから、それが、見方が甘《あま》かったわけです。そこを読み違えましたかね。

喜島　宏洋氏と一緒に、文藝春秋も〝心中〟する気持ちでいらっしゃるのですか。それとも、「切り離《はな》して、文藝春秋だけは助かろう」というふうには思わないのですか。

中部嘉人守護霊　（舌打ち）まあ、ちょっと、ほかのマスコミの動きも見ながらやらないといけないんで。こちらが〝生贄《いけにえ》〟にされてはたまらないからね。

喜島　誰も追従《ついじゅう》しません。

小林　蜘蛛《くも》の子を散らすように、みんなサーッと逃《に》げていますよ。

中部嘉人守護霊　そうなの？

小林　「やばっ」と言って。

喜島　「宏洋だけはやばい」と言って、みんな逃げています。そこに文藝春秋は引っ掛かりましたね。このまま心中しますか、どうですか。よく考えてくださいね。

中部嘉人守護霊　うーん。

小林　先ほど、新谷さんも、ちょっと焦《あせ》っていたようなことを言ってはいたのだけれども、「宏洋氏の本を出す」というあそこに、悪手《あくしゅ》の〝最初の一手〟があったわけですよ。あそこで焦って手を出してしまったのです。あのとき、みんながあの人物を見て、「やばい」と言って逃げていたのに、ついつい誘惑《ゆうわく》に駆《か》られて、手を出してしまいました。そして、一年間の猶予《ゆうよ》があったのだけれども、今回、またもう一回手を出してしまったわけです。これは、経営的にもかなり〝やばい〟状況に……。

中部嘉人守護霊　まあ、きょう子《こ》さんとは喧嘩《けんか》してるから、そうなのかなと思うけど、こちらのほうは、あんなにひどいのに三十年も護ったんだから、やっぱり執着《しゅうちゃく》があるんだろうなあと思ってさ、もうちょっとは。

喜島　すでにチャンスは与《あた》えました。でも、その何度も降ろしてくださった「蜘蛛の糸」を、自ら切り続けたのは宏洋氏です。

小林　ですから、宗教上の「破門」というところを、ちょっと甘く見られていたと思うんですよ。

先行する「破門」が、一年近く前にありましたから、あの時点で判断を間違えた。

中部嘉人守護霊　私、あとね、やっぱり、でも、「出版・マスコミ界の代弁」もしてるんだよ。だから、君らはさあ、習近平《しゅうきんぺい》の意見だの、勝手に出すじゃない。金正恩《キムジョンウン》の意見だの、アメリカ大統領の意見だの、あんなの取材もしてないのに出すじゃない。だから……。

小林　ええ、まあ、それは分かりました。

中部嘉人守護霊　そういうものが積もり積もって、出ているものもある。

小林　はい、それは分かりました。分かりましたから。

文藝春秋は、経営判断を間違《まちが》うと宏洋氏もろとも沈《しず》んでゆく

喜島　社長としての最後の経営判断としては、「宏洋氏を切るか」、「宏洋氏と一緒に泥船のように沈《しず》んでいくか」ということです。

中部嘉人守護霊　いや、そんなのは……。社長って、普通《ふつう》、やっぱり、もうちょっと護らなきゃいけない立場じゃないの？　普通、やっぱりそらあ……。

喜島　誰を護るんですか。

中部嘉人守護霊　「一取材対象が嘘を言ったかどうか」というのは、そりゃあ、現場で決めればいいことだよ。

喜島　ぜひ、会社を護ってください。

小林　トップの経営責任というものを、もう少し考えられたほうがよいと思います。
これは、あの講談社が当会と十年戦って、最後に気がついたところです。最初はそう言って、逃げていたところですから。

中部嘉人守護霊　文春の本はシステム的に買い上げる、そういうボランティア組織を何かつくらないと……。

喜島　はい、もう結構です。ありがとうございました。
最後の、この経営判断一つは、あなたにかかっています。それを間違《まちが》えたら、文藝春秋は、宏洋氏もろとも沈んでゆきます。これを「結論」として申し上げておきたいと思います。
どうもありがとうございました。

6 残念ながら下りに入っている文藝春秋《ぶんげいしゅんじゅう》

大川隆法　（手を三回叩《たた》く）まあ、こういう人たちですね。

うーん……、先週の二冊と、今日、出している『人はなぜ堕《お》ちてゆくのか。』（幸福の科学出版刊）で三冊。また、さらに追加の発刊も何冊かあると思いますが、先週の二冊を読んだあたりでは、ほかのマスコミは、おそらく、「これは危ない」と見ているとは思います。あちらも、宏洋《ひろし》本を、ほかの本と一緒《いっしょ》に、なかに少しだけ入れたりして、はっきり分からないようにはしていましたが。

うーん……、さあ、どういう落とし前がつきますかね。

喜島　三十八人もの人がフリートークをして、それで、すべて整合性が取れていますので。

大川隆法　まあ、一つの人物像が、はっきり浮《う》かんでくるわね。

●先週の二冊　2020年3月に発刊された『宏洋問題を斬る』『宏洋問題の深層』のこと。

喜島　ええ。

大川隆法　当会も、ここまですることはめったにありません。「人が嘘《うそ》つきであること」を証明するために、そこまでやることはめったにしないことです。

当会が言っているとおり、彼は、ある意味での〝道具〟として利用されている存在なのだろうということが分かります。悪魔《あくま》の側の〝操《あやつ》り人形〟になっているということでしょう。でも、やはり、それを負かしてやることも愛の一つだと思います。操られているこの糸を切ってやらなければいけません。

宏洋が、これだけの人に反論をされるというのは、初めてのショックだろうとは思いますが、これは、きっちりとやらなければいけないでしょうね。

喜島さんが広報に入って、非常に「隙《すき》のない攻《せ》め方」をしているのかもしれないので、あと一週間もすると、かなり、戦況《せんきょう》は明らかになるかと思います。

念のために、文春の責任者の二人の守護霊霊言《れいげん》を録《と》ってみました。ほかにも人はたくさんいるのでしょうけれども、方向性は分かったというところですね。

まあ、残念ですが、「下りに入っている」という判断です。以上です。ありがとうございました（手を一回叩く）。

喜島　はい。ありがとうございました。

「霊言現象《れいげんげんしょう》」とは、あの世の霊存在等の言葉を語り下ろす現象のことをいう。これは高度な悟《さと》りを開いた者に特有のものであり、「霊媒現象《れいばいげんしょう》」(トランス状態になって意識を失い、霊が一方的にしゃべる現象)とは異なる。外国人霊や宇宙人等の霊言の場合には、霊言現象を行う者の言語中枢《ちゅうすう》から、必要な言葉を選び出し、日本語で語ることも可能である。

また、人間の魂《たましい》は原則として六人のグループからなり、あの世に残っている「魂のきょうだい」の一人が守護霊《しゅごれい》を務めている。つまり、守護霊は、実は自分自身の魂の一部である。したがって、「守護霊の霊言」とは、いわば本人の潜在意識《せんざいいしき》にアクセスしたものであり、その内容は、その人が潜在意識で考えていること(本心)と考えてよい。

なお、「霊言」は、あくまでも霊人《れいじん》の意見であり、幸福の科学グループとしての見解と矛盾《むじゅん》する内容を含《ふく》む場合がある点、付記しておきたい。

第3章

中部《なかべ》嘉人《よしひと》文藝春秋《ぶんげいしゅんじゅう》社長守護霊《しゅごれい》とヤイドロンの霊言《れいげん》

二〇二〇年三月十三日　収録

宮城県・仙台《せんだい》にて

質問者

大川紫央《おおかわしお》(幸福の科学総裁補佐《ほさ》)

神武桜子《じんむさくらこ》(幸福の科学常務理事 兼《けん》 宗務《しゅうむ》本部第一秘書局長)

宇田《うだ》なぎさ(幸福の科学上級理事 兼 宗務本部第二秘書局長)

[質問順。役職は収録時点のもの]

1　宏洋《ひろし》氏を擁護《ようご》する文藝春秋《ぶんげいしゅんじゅう》社長守護霊

自分は「雲の上の人」だと言って威張《いば》る

（編集注。背景に大川隆法総裁の原曲「堕天使《だてんし》のテーマ」がかかっている）

大川紫央　どなたですか。

大川隆法　威張《いば》っている方のようですね。威張っていらっしゃるので。「おまえたちみたいな〝チンピラ〟と話しても、しょうがない」といった言い方をしています。〝偉《えら》い方〟なのではないですかね。

大川紫央　（文藝春秋《ぶんげいしゅんじゅう》の）社長の守護霊ですか？

大川隆法　社長かもしれないですね、この感じは。

大川紫央　同志社《どうししゃ》大学出身で、経理部門出身の方？

大川隆法　（霊人《れいじん》に）社長ですか？

「そんなことを言う必要はない」と言っています。

大川紫央　自分から来るのであれば言ってください。人としての礼儀《れいぎ》でしょう。

大川隆法　「おまえたちが会えるような相手じゃないんだ」と。

大川紫央　では、なぜ会いに来るんですか。あなたは誰《だれ》？

中部嘉人守護霊　まあ、おまえたちから見れば「雲の上の人」だ。

大川紫央　菊池寛《きくちかん》？　芥川龍之介《あくたがわりゅうのすけ》？

中部嘉人守護霊　本当に、おまえはアホだな。

大川紫央　「雲の上の人」なんでしょう？　「あの世」にいるんじゃないんですか？

中部嘉人守護霊　おまえが入ったから、大川家はおかしくなったんだ。

大川紫央　そんなことはないです。

中部嘉人守護霊　アホは消えろ。

大川紫央　あなたは、文藝春秋社長の守護霊？　花田《はなだ》（紀凱《かずよし》）さんは好きですか？

中部嘉人守護霊　あんな過去の人間と一緒《いっしょ》にするなよ。

大川紫央　（苦笑）

宏洋氏の非常識な行動を「面白《おもしろ》い」と言う

神武　宏洋《ひろし》氏とは、どういう関係ですか？

大川紫央　まだ会ったことはないんじゃないですか。

中部嘉人守護霊　とにかく、まあ、〝勇敢《ゆうかん》な人〟だなあ。

大川紫央　あなたは「中部」という方？

中部嘉人守護霊　勇敢で、なあ？　肉弾戦《にくだんせん》で、手榴弾《しゅりゅうだん》を持って戦車に突撃《とつげき》していってる。

神武　宏洋氏は、そういうことはできないタイプの人ですよ。戦争になったら逃《に》げていくようなタイプの人です。

中部嘉人守護霊　やってるじゃないか、何を言ってるの。あんた、バカか！　バカかおまえは。手榴弾を持って、もう、戦車に向かって突《つ》っ込《こ》んでいってるじゃないか。

大川紫央　彼のYouTube《ユーチューブ》を観《み》たことはありますか？

中部嘉人守護霊　それはありますよ、何度かはね。

大川紫央　障害者手帳で「めんこ」をしていることは知っていますか？　最近は奇声《きせい》を発したりして、ちょっと変になっていますけれども。

中部嘉人守護霊　いやあ、それは実に面白《おもしろ》い。

まあ、クリエイティブですねえ。「障害者手帳と『正心法語《しょうしんほうご》』でめんこをする」なんて、これ、誰も考えつくことができないから、非常に創造的なんだ。

社長守護霊の狙《ねら》いは「幸福の科学を取り潰《つぶ》すこと」？

大川紫央　あなたは中部さん？

中部嘉人守護霊　だから、おまえたちみたいなヒラが話をする相手じゃないんだって言ってるんだ。

大川紫央　では、なぜ、今日来たんですか？

中部嘉人守護霊　幸福の科学全部を取り潰《つぶ》すために来たんであって……。

大川紫央　（スマートフォンで顔写真を見せる）同志社出身の人でしょう？

中部嘉人守護霊　その写真は悪い。写真が悪い。

大川紫央　今、インターネットで調べるかぎり、「同志社の出身で、めったにない経理出身の人が社長になった」といったことしか分かりません。

中部嘉人守護霊　とにかくだ、おまえたちが〝霊感商法《れいかん》〟を続けているのを長男が告発したんだから、マスコミとしては、それを応援《おうえん》しないといかんのだ。

神武　あなたは霊ではないんですか？　今、しゃべっているあなたです。

中部嘉人守護霊　わしは「雲の上の人」だから、おまえたちにそんなこと、身元調査される必要はないって言ってるんで。

大川紫央　「霊言《れいげん》が嘘《うそ》だ」という証拠《しょうこ》は何ですか。

中部嘉人守護霊　息子《むすこ》が言ってるじゃないか。

大川紫央　それだけで証拠になるわけないですよね。あの息子も、霊言をしまくっていたんですから。

中部嘉人守護霊　それは、最直近の後継者候補《こうけいしゃこうほ》なんですから。「理事長もした」っていう人だから、それはもう正しいでしょう。

大川紫央　ここにいる方（神武）も、理事長をしていました。

神武　宏洋氏よりも長くやっていました。

中部嘉人守護霊　知らないもの、そんなことは。

大川紫央　ちゃんと調べていただいたら分かります。

中部嘉人守護霊　出てきて、「理事長です」と言って、宏洋を論破したらいいじゃない。できないのなら、弱いんでしょう。

大川紫央　宏洋氏は、嘘ばかり言ってますから。

中部嘉人守護霊　嘘を言ってるなんて、誰も分からないもの。

大川紫央　こちらからは、何十人もの証言が出ますよ。

中部嘉人守護霊　あのね、マスコミはねえ、嘘を言ってると言われて、それで引くようだったら、もう、商売は店をたたまないといけないんだよ。

大川紫央　では、戦うんですね？

●何十人もの証言　宏洋氏の嘘への反論座談会を書籍化した『宏洋問題の「嘘」と真実』、および『宏洋問題を斬る』『宏洋問題の深層』参照。

中部嘉人守護霊　別に、嘘なんて言ってませんよ。

大川紫央　「主観」ですよね。

中部嘉人守護霊　「嘘」じゃなくて、「疑い」があれば書いていいんだよ。

大川紫央　でも、こちらは、「何月何日に、どういうことを言った」と、何人もで証言ができますよ。

中部嘉人守護霊　だけど、みんな利益共同体だからね。

大川紫央　いえいえ。宏洋氏だって、「その利益共同体を踏《ふ》み潰そうとしている」という利益がありますよね。

後継者《こうけいしゃ》の条件は、「長男」で「異端《いたん》」であること？

中部嘉人守護霊　三十一年もね、後継者《こうけいしゃ》にしようとして養った人がね、「これは全部嘘だ」と言ってるんだから、それは無視できないですよねえ。

神武　いえ、後継者と決めて育てていないですよ。

中部嘉人守護霊　いや、それは本人が言ってるんだから、しょうがないじゃない。

大川紫央　本人が言っていても、「こちらは確定して言ってない」と言っているじゃないですか。

中部嘉人守護霊　いや、後継者なんていないんじゃないの、実際上。

大川紫央　いえ、大川咲也加《さやか》さんがいますので。

中部嘉人守護霊　そんなの（笑）、宏洋に言われて、あとから慌《あわ》てて、にわかに立てたやつじゃない。

宇田　にわかではありません。

大川紫央　なぜ、大川咲也加さんより、大川宏洋氏のほうが上だと思うのですか。

中部嘉人守護霊　「長男」だから、当たり前じゃない。

神武　あなたも長男？

中部嘉人守護霊　だから、宏洋を敵に回すために、わざと立てたあれでしょ、〝ダミーの後継者〟なんでしょうから。

大川紫央　自分も異端《いたん》なのに社長になったから、〝異端〟のほうが〝社長〟だといいんじゃないですか。

神武　ああ。経理出身で、ちょっと困っているんですか？

中部嘉人守護霊　そんなことはない。出版社の人間なんだから。

大川紫央　大丈夫《だいじょうぶ》ですか。経理出身で、文学などの本の内容は分かりますか。法律は分かりますか。憲法を勉強していますか。

中部嘉人守護霊　あなたねえ、ほんと地獄《じごく》から来た人だろうと思うけどさあ。本性《ほんしょう》は悪魔《あくま》だろうと思うけどさあ。

大川紫央　はい、はい。

中部嘉人守護霊　「あなたが来てから全部おかしくなった」と言ってるから、悪魔だろうと思うけど。

宇田　それは違《ちが》いますけれども。

大川紫央　私が来る前から、宏洋氏は問題が多かったようですし、（一緒に仕事をしていた）みんなから疎《うと》まれているところはありましたよ。

中部嘉人守護霊　まあ、その言い方からいっても、本当に悪魔だと思うけどさあ。

神武　悪魔というのは「霊」ですよ。「霊」や「あの世」を信じるんですか？

大川紫央　あなたは、ちゃんと憲法を勉強しましたか？　その上でおっしゃっていますか？

中部嘉人守護霊　だから、そのねえ、その優越感《ゆうえつ》とねえ、人に対する差別意識とかねえ、嫌《けん》悪《お》感とか、もう悪魔そっくりだわ。

大川紫央　あなたが出てきたときも、最初、ずいぶんな優越感から始まっていますよ。

宇田　（笑）

大川紫央　ちゃんと（最初から）録音されています。

「私は社会的に認められた存在」とし、宗教を下に見る

中部嘉人守護霊　私は社会的にちゃんと認められた存在なので。あなたがたは、社会的に認められていないので。

大川紫央　いえ、文藝春秋のなかで認められているだけでしょう。

中部嘉人守護霊　何を言ってるんだ。私たちは、もう株式会社で、社会的に……。

大川紫央　私たちは宗教法人です。

中部嘉人守護霊　あなたがたは、なかでコチョコチョと、それはいくらでも、息子を理事長にしたり外したり、何でもできるし。

大川紫央　宗教法人法をちゃんと勉強してから言っているんですか？

中部嘉人守護霊　株式会社はねえ、大手は人事異動が載《の》るんですよ。

神武　では、あなたの役職は今、何ですか。新聞に載った役職は何ですか。

中部嘉人守護霊　うるさい。礼儀を守れよ！

神武　あなたの「新春特別インタビュー」というものがあります。文藝春秋、中部嘉人。代表取締役《とりしまりやく》社長。「編集の現場は経験者に任せて会社を守り、発展させることに全力を注ぎたい」とのことです。

大川紫央　だから、中身を知らないんでしょう。

中部嘉人守護霊　とにかくね、君らは、うちに来たら「お茶汲《く》み」なんだからさあ。ここのなかでどんなタイトルで出してるか知らないけど、ただのお茶汲みなんだ。

お茶汲みでさあ、本当に、二十万円以上の給料が出ない人たちが、君らのところでは、副理事長だ、理事長以上だ、総裁補佐《ほさ》だ、専務だ、常務だ、もうゴロゴロいるんだろうから。お茶汲みの女の子に、そういう役を出してると、長男が言ってるんだから。

信者の布施《ふせ》を流用してるっていうことだ、不正にな。

神武　いえ、宗教的な仕事をしています。

2　文春側から仕掛《しか》けたことを認めようとしない

ソフトの内容は現場に任せている

大川紫央　あなたは編集の内容を現場に任せて、何の仕事をしているんですか。

中部嘉人守護霊　経営してるんじゃないか。何を言ってるの。

大川紫央　でも、ソフトの中身は見ていないんでしょう？

中部嘉人守護霊　本当に、悪魔《あくま》は黙《だま》ってろ。クソ悪魔。

大川紫央　訴訟《そしょう》になってから初めて、社長のもとに宏洋《ひろし》氏の本の内容が届いたんじゃないですか？　そのときに中身を知ったんじゃないですか？

神武　宏洋氏の案件について、ちょっと〝やばい〟と思っている？

中部嘉人守護霊　いや……、いやいや、そんなことないよ。幸福の科学を破壊《はかい》するんだろう？　そして、うちに金儲《かねもう》けをさせてくれるんだろう？　結構なものですよ。

大川紫央　お金は儲けられないと思いますよ。宏洋氏を立てたところで、絶対にあなたたちも宏洋氏に裏切られますから。

「総理のクビでも大臣のクビでも、いくらでも切れる」

中部嘉人守護霊　いくらやったって、書店や取次《とりつぎ》店の評価はね、文藝春秋《ぶんげいしゅんじゅう》のほうが上なんですから。君らの〝海賊《かいぞく》出版社〟がいくら出したって、そんなもの、フッ（笑）、〝たま出版のレベル〟ですよ。

大川紫央　それで、何が言いたいんですか？　ただ、それが、法律的にあなたたちに有利かどうかは分かりませんよ。

中部嘉人守護霊　私たちは「信用」なんですよ。

神武　信用（苦笑）。あなたたちが言わないでください。誤報が多いじゃないですか。

大川紫央　嘘《うそ》も多いでしょう。

中部嘉人守護霊　あなたがたは〝裏街道《うらかいどう》〟なんですよ。あなたがたは〝裏側〟なので。私たちはねえ、総理のクビでも大臣のクビでも、いくらでも切れる力があるんですよ。

大川紫央　それこそ驕《おご》っていますよ。

中部嘉人守護霊　私たちの週刊誌に二ページ載《の》れば、クビが飛ぶんですよ。だから、私たちは「民主主義のチャンピオン」なんですよ。

大川紫央　下村博文《しもむらはくぶん》さんのクビは、全然取れませんでしたよ。十回ぐらい記事を書いていましたけど。クビを取れない人もいるんですね。

中部嘉人守護霊　うん。あれはねえ、亀《かめ》だから首がなかったんだ。引っ込《こ》んでたんだ。あなたがたは首を引っ込めていないからね。「喧嘩《けんか》を挑《いど》んできた」から。あなたがたは、亀じゃなくて〝スッポン〟だから。

「幸福の科学から攻撃《こうげき》を受けている」という主張

大川紫央　私たちが「喧嘩を挑んできた」んじゃなくて、「喧嘩を吹《ふ》っかけてきた」のはそちらのほうでしょう。

中部嘉人守護霊　私は「受け身」で、腹が立ってるだけなので。

大川紫央　「受け身」ではなくて、今日は「あなたのほうから来た」でしょう。

中部嘉人守護霊　攻撃《こうげき》してるのは、あなたがたのほうだから。

大川紫央　いえ、最初に攻撃してきたのはそちらではないですか。何を言ってるんですか。

神武　ありもしないことを勝手に書いてきて。

中部嘉人守護霊　何を言ってる。私たちはもう、日本赤十字みたいな存在で……。

宇田　全然違《ちが》います。

神武　「文春」に宏洋氏の六時間インタビューみたいなものが……。

中部嘉人守護霊　うちが去年の二月に六時間インタビューして、「Ｗ《ウ》・ｉ《ィ》Ｌ《ル》Ｌ」が夏休みに書いたんだ。

文藝春秋《ぶんげいしゅんじゅう》で宏洋氏を雇《やと》うのは「無理」

神武　宏洋氏のどういうところが〝使える〟と思うのですか。

中部嘉人守護霊　何を言ってるんだ。あれだけ幸福の科学のために貢献《こうけん》したご長男が、受難《じゅなん》を受けて、そして、「もう生きていく道がない」って言うから、私たちが庇護《ひご》してるんじゃないですか、今。私たちはもう、アムネスティかっていう感じですよ。

神武　では、ぜひ雇《やと》ってあげてください。

中部嘉人守護霊　いや、それは無理です。経理的な問題としては無理です。

大川紫央　どうぞ、給料を払《はら》ってあげてください。そんなに〝買っている〟のであれば。

神武　ぜひ雇ってあげてください。彼は、新入職員研修で、電話の取り方からやってほしかったようなので。

中部嘉人守護霊　いや、私たちは、あなたがたみたいな〝お茶汲《く》み〟女を専務や常務にするような、そんな放漫《ほうまん》経営はできないんで。ちゃんと実力がなければ。実力がない者には……。

大川紫央　だから今、「倒産《とうさん》しかけ」なんじゃないんですか？　赤字なんですか？

神武　宏洋氏の本に、当会が赤字と書いてありましたが、まったく違いますからね。

中部嘉人守護霊　いや、そんなもの、負け続けて、もう十連敗ぐらいしてるような政党が、毎年のように、六億円だ十億円だと政府に没収《ぼっしゅう》されてるんだから、これは倒産するに決まってるじゃないか。

大川紫央　先ほど、あなたは、「宏洋氏が幸福の科学に貢献した」と言いましたけれども。

中部嘉人守護霊　だって、両方に書いてるじゃないか。宏洋の本にもあなたがたの本にも、両方載ってるじゃないか。

大川紫央　例えばどんな？

中部嘉人守護霊　映画をつくって……、もう本当に「頭が悪い」から、こんなやつと話すのは嫌《いや》だわ、私。こんな低能。

神武　では、帰ってください。

中部嘉人守護霊　低能、低能。

大川紫央　では、帰ってください。

神武　では、帰ってください。

中部嘉人守護霊　低能だ。

神武　私たちも話したくないので、帰ってください。

中部嘉人守護霊　さっさと放り出して。もう嫌《きら》いだから。

神武　帰ってください。

中部嘉人守護霊　勉強もせずにしゃべるやつは嫌いなんだ。

幸福の科学の霊言集《れいげんしゅう》を読んだことはあるのか

大川紫央　あなたは、霊言《れいげん》を読んだことはあるんですか?

中部嘉人守護霊　何が。

神武　「菊池寛《きくちかん》の霊言」（『「文春」に未来はあるのか――創業者・菊池寛の霊言――』〔前掲《ぜんけい》〕）も出ていますよ。

大川紫央　読みましたか。

中部嘉人守護霊　もうやかましい。そんなもの。

大川紫央　読んだことあるんですか。

中部嘉人守護霊　なんで私があなたがたの宣伝をしないといけないんだ。

神武　あと、芥川《あくたがわ》先生が文藝春秋《ぶんげいしゅんじゅう》について語った霊言（『芥川龍之介が語る「文藝春秋」論評』〔幸福の科学出版刊〕）もありますけれども。

中部嘉人守護霊　芥川龍之介《りゅうのすけ》は、もうとっくの昔に死んだの。

大川紫央　幸福の科学のことは、ちゃんと知っていましたか。

中部嘉人守護霊　それは、そのくらいは知ってるよ。オウムと同じころにできた宗教だよ。

大川紫央　本の内容は知っていましたか。

中部嘉人守護霊　まあ、ほとんど一緒だっていうことだろう。

大川紫央　読んだことはありましたか？

中部嘉人守護霊　何が。

神武　幸福の科学の本を。

中部嘉人守護霊　そんなこと、なんで私が答えないといけないんだ。

大川紫央　社長だからです。

中部嘉人守護霊　読んだら、あなたがたの本に関心があったように聞こえるじゃないか。

神武　関心がないのに取り上げますか？

なぜ、読んでもいないのに霊言《れいげん》を嘘《うそ》だと言えるのか

中部嘉人守護霊　いや、別に関心がなくたって、回し読みすれば、一円も払わずに読める。

大川紫央　幸福の科学の本を読んだこともないのに、「霊言《れいげん》が嘘《うそ》だ」と言える証拠《しょうこ》があるんですか？

中部嘉人守護霊　だから、私たちは取材しているんだと言ってるの。

大川紫央　霊言を読んだことがあるかどうかを訊《き》いているんです。

中部嘉人守護霊　取材してるの。

神武　当会も霊人《れいじん》に取材していますけれども。

中部嘉人守護霊　取材して、三十年も一緒に住んだ人が、「これは嘘だ」と言ってるから、それは嘘なんだろうよ。だから、それを引っ繰《く》り返すには、あなたがたはものすごい重大なあれが必要だよ。

大川紫央　五人のきょうだいがいて、今、一人しかそれを言っていません。

中部嘉人守護霊　ああ、それは下だからね。しょうがないね。

大川紫央　「下」といっても、咲也加《さやか》さんは二年しか違いません。

中部嘉人守護霊　ほかの弟子《でし》たちに押《お》し込まれてるんでしょう？

大川紫央　いいえ。

中部嘉人守護霊　だって、給料をもらってるんだからさ。それで、そちらの言ってることをきかなきゃ給料がなくなるだろう？

大川紫央　では文藝春秋さんは、幸福の科学に勝てると思って、今、戦っているということですね？

中部嘉人守護霊　「勝てる」なんて別に言ってないけど、本当に私たちは善意でやってて、「マスコミの王道を歩んでいる」ということを言ってるんだ。

3　時代遅《おく》れの「女性蔑視《べっし》」カルチャー

「女性はお茶汲《く》み」という時代錯誤《さくご》

大川紫央　文藝春秋《ぶんげいしゅんじゅう》さんは、総社員三百四十六人でしょう？

中部嘉人守護霊　まあ、それは、うちの給料がものすごい高いから、正規はそうで。非正規はたくさん持ってるんで。

大川紫央　幸福の科学は、職員だけでもすでに二千人弱いるんですけれども。

中部嘉人守護霊　それは、みんな〝ボランティア〟だ。

大川紫央　組織として、どちらが信奉者《しんぽうしゃ》が多いと思いますか？

中部嘉人守護霊　だから、君らのところは、そこの〝お茶汲《く》み〟の女性たちがみんな重役を張ったりしてるから、倒産《とうさん》するのはもう第一候補だな。

神武　なぜ、「お茶汲みの女性」の話ばかりするんですか。

大川紫央　差別者です。

神武　「女性蔑視《べっし》」です。

大川紫央　大丈夫《だいじょうぶ》ですか？　「女性差別」ですよ。

中部嘉人守護霊　いや、あんたたちだって、ただのお茶汲みだ。文藝春秋に来たら、お茶汲みだよ。原稿《げんこう》も書けず取材もできないようなやつは、ただのお茶汲みだよ、そんなの。

神武　幸福の科学は、出版社だけの仕事をしているわけではありませんので。

中部嘉人守護霊　ええ？

大川紫央　文藝春秋の社長は「女性蔑視の古い人」なんですね。それは、大川総裁のほうが新時代に合っていますよ、今。

中部嘉人守護霊　女性にだって、それは、日本アカデミー賞を取った「新聞記者」の韓国人《かんこくじん》の女性が演《や》ってたように、まあ、そういうふうに働く人は、仕事をしてると言うけど……。
　君たちのところは、お茶汲みをしてるだけで、もう常務や専務や、それから副理事長や、場合によっては理事長やその上もできると……。

大川紫央　ほかにも仕事はさまざまありますので。古い！

神武　ほかの団体の女性の肩書《かたがき》に嫉妬《しっと》するんですか？　なぜ、ほかの組織の女性の肩書がそんなに気になるんですか。

中部嘉人守護霊　いやあ、君たちの経営は間違《まちが》ってるから、これで食えてるんだったら、信者の献金《けんきん》を搾取《さくしゅ》してると言ってるんだ。

大川紫央　それがそもそも「女性蔑視」でしょう。

中部嘉人守護霊　女性蔑視じゃないよ。

大川紫央　今どき、世界の中心で、「女性の」「お茶汲み」を連結させて言ってみたら、すぐに批判されますよ。

神武　最近、ある県議会では、女性のお茶出しが廃止《はいし》されました。

大川紫央　「新潮45」のようになりたいんですか？

中部嘉人守護霊　女性だってね、法務大臣をやらせて能力がなかったら、みんな非難してるわけですから。それほどの器《うつわ》に値《あたい》しないのに、女だからっていうだけで、誰《だれ》でもできるわけじゃないいんだよ。前法務大臣だって今、逮捕《たいほ》されかかってるんだからさあ。奥《おく》さんも逮捕されかかってるし、法務大臣も危ないいんだからさ。

大川紫央　男性の大臣だって大勢クビを切られていますけど。

中部嘉人守護霊　私たちが切ってるんで。私は〝首斬《くびきり》何とか右衛門《えもん》〟みたいなものだから。

マスコミは「民主主義のチャンピオン」？

中部嘉人守護霊　大臣や総理大臣のクビを切れる私たちが公平に判断して、あなたがたの団体は狂《くる》ってると判断してるから、書いてるんだ。

大川紫央　あなたは、国民からそういうことを負託《ふたく》されたことがありますか?

中部嘉人守護霊　ええ? それはマスコミはね〝民主主義のチャンピオン〟なんですよ。

大川紫央　いや、そういう（裁判官のような）立ち位置に立ちたいなら、司法試験の勉強をしたらどうですか。

中部嘉人守護霊　何を言ってるんだよ。民衆の支持を受けてマスコミは成り立ってる。

神武　それに、幸福の科学は、国会ではありませんし。

中部嘉人守護霊　君らは〝洗脳〟で集めてる団体だからね。君らは〝洗脳〟してるんで。

大川紫央　文藝春秋さんも、部数が減ってきているじゃないですか。民衆の支持が減っているんじゃないですか？

中部嘉人守護霊　うちのには「幸福の科学は（信者の実数が）一万三千人になった」と書いてあるんだからさ。本当は、もっと人数は少ないんじゃないかという説もあるぐらいなんでね（著者注。一万三千人というのは、海外の小さな一支部の信者数ぐらいである）。「二千人職員」というのは、それは信者のことを言ってるんじゃないの？　もしかして。

大川紫央　職員で二千人ですよ。そのほかに信者がいます。

中部嘉人守護霊　信者が二千人で、信者家族も入れたら、まあ、もうちょっといる、何千人かいるっていう、そのレベルじゃないの？

大川紫央　ですから、「信者がスリランカだけで七万二千人いる」と言っているじゃないですか。

●海外の小さな一支部の……　幸福の科学の海外の信者数は、一例として、ネパールで約７万２千人、ウガンダで約６万６千人、スリランカで約４万２千人である（2020年３月時点）。

中部嘉人守護霊　ああ、あなたの頭は外科《げか》手術を一回したほうがいいかも。それはねえ、私、聞きましたがね、スリランカじゃなくてネパールだと思います。

大川紫央　あっ、ネパールか。ごめんなさい。

中部嘉人守護霊　もう頭を外科手術したほうがいいと思うよ。絶対、それ、完全に詰《つ》まってると思いますよ、血管が。

神武　言い間違いは誰でもあるんですよ。

大川紫央　そうです。本質は合っていますから。

中部嘉人守護霊　だから、みんなボケてますからね。

どうしても女性幹部の待遇《たいぐう》が気になる

大川紫央　ただ、最初に攻撃《こうげき》してきたのは、文春さんですよね。

中部嘉人守護霊　うちが攻撃してるんじゃなくて、おたくの長男が自殺しないように引き受けてるんじゃないですか。何を言ってるんだ。

神武　それでは、雇《やと》ってあげてくださいよ。彼はお金に困っていますから。

中部嘉人守護霊　雇わないよ。雇わないけど、本を出してやらせて、週刊誌に出してやって、彼が自分で食っていける道をつけてるんじゃないですか。自分でやってるんだから。自分で社長をやってるんでしょう？　自分の会社をつくって。何を言ってんのよ。

とにかく、お茶汲み三人ぐらいで、もう本当に……。ああ、こういうのが横でささやいてやってるわけね、いつもね、本当に。ろくでもない本を出してると思ったわ。
宏洋は、何か女性一人にささやかれてやってるとか書いとるよなあ？

大川紫央　一人よりも三人のほうが客観的な意見が出ていいんじゃないですか（笑）。

中部嘉人守護霊　いやあ、向こうが賢《かしこ》いかもしれないよ。私たちはね、私が社長をやっているから、特に、乱脈経営は幾《いく》つかの箇所《かしょ》を見ただけで分かるのよ。お茶汲みを理事長で使う。

大川紫央　お金に〝あれ〟なんですね。

神武　あっ、経理だから、お金が気になるんですね。

大川紫央　そう。経理だから、お金なんですね。

神武　自分の会社のお金の心配をしたらよいのではないでしょうか。

中部嘉人守護霊　お茶汲みを理事長にした。そして、本を見たら、売れてるのかなあと思ったら、わずか何百人かの人が、何万冊、十万冊、二十万冊の本を買い込《こ》んでいる。これを見たら、これはもう〝乱脈〟そのもので、こんなもの、絶対に潰《つぶ》れるんだ。

神武　もしかして、社内で女性が反乱を起こそうとしているようなことがあるんですか？「女性の地位がおかしい」「女性が社内で不当に扱《あつか》われているからおかしい」とか。

大川紫央　「女性にも幹部の椅子《いす》を用意しろ」とか。

中部嘉人守護霊　何を言ってるんだ。文藝春秋のレベルになったら、女性が、そんな役員なんか張れるわけないでしょう。

神武　ああ、そういう会社なんですね。

中部嘉人守護霊　能力が違う、能力がな。記者ぐらいになれたらいいほうだよ。

神武　そういう「女性差別」のある会社なんですね。

大川紫央　文藝春秋は古い会社だから、その分、なかの〝おじさん〟たちの頭も古いんですね。

文藝春秋《ぶんげいしゅんじゅう》社長の弱点は、「女性蔑視《べっし》」の旧体質

中部嘉人守護霊　たぶん、私らから見れば、君らは、給料は二十万以下。うん。

大川紫央　では、あなたは何万円もらっているんですか。

中部嘉人守護霊　何が？　そんなの、君たちに知られる必要はないでしょう。

大川紫央　では、どうして、私たちのはあなたに知られる必要があるんですか。

中部嘉人守護霊　宏洋が言ってるじゃない。あなたは、三桁《けた》の給料をもらうと言われてるじゃない。すぐに、気に入られたら、入って即《そく》、もう局長になったりする人もいるっていうじゃない？

宇田　嫉妬しているんですか。

中部嘉人守護霊　ただ、文藝春秋《ぶんげいしゅんじゅう》の正社員は、おたくの〝社員〟の給料の、おそらくは三倍ぐらいはもらっているでしょう。うん。

大川紫央　では、なぜ嫉妬するんですか。

中部嘉人守護霊　それは、お茶汲みにそんなに出しているというのは、やっぱりおかしい。

大川紫央　ですから、〝おじさん〟はもう古いんですよ。

神武　私たちの仕事は、お茶汲みが本質ではないので。

大川紫央　この社長の弱点は「女性蔑視《べっし》」ですね。

宇田　そうですね。

神武　実は、パワハラ、セクハラをするタイプですか？　「言うこときけ」「一緒《いっしょ》にご飯《はん》を食べろ」「今からホテルに来ないか」とか、やっているタイプですか。

中部嘉人守護霊　そういう信用があるから、ちゃんと社長になってるんだよ。そういう高級ホテル代をケチるのが仕事なんだから。

大川紫央　文春も、叩けば埃《ほこり》はいっぱい出てくるでしょう？

中部嘉人守護霊　そんなことはない。私たちは、やっぱり、総理とか大臣のクビを取る仕事だから。

神武　吉高由里子《よしたかゆりこ》さんのドラマは観《み》ていますか。

宇田　「知らなくていいコト」。

神武　あのドラマはどうですか。あのドラマを観て、何か感じることはありますか。

中部嘉人守護霊　だから、それは、「知らなくていいこと」です。

神武　どうですか。ぜひ、感想を教えてください。

中部嘉人守護霊　つくりものですから。テレビなんで。テレビは敵ですので、私たちにとっては。

大川紫央　文藝春秋のサイトに、「文藝春秋の社員の仕事」を紹介《しょうかい》するということで、九人載っているけれども、九人中六人、女性が載っていますよ。

神武　頑張《がんば》ってＰＲしようとしているんですか。

大川紫央　この女性たちに「お茶汲み」と言ってみたらどうですか。「おまえたちみたいなお茶汲みに、どうしてお金を払《はら》わないといけないんだ」と。

中部嘉人守護霊　いやあ、「クビを切りたいの」と「給料を下げたいの」は、いっぱいいますよ。うちの給料は高いからね、君たちと違ってね。

大川紫央　そのストレスを、当会に持ってこないでくれますか。

中部嘉人守護霊　君たちは給料が全体に低いのに、ごく一部のやつだけが、江戸《えど》時代の〝大奥〟みたいに高い給料をもらっていると聞いて、義憤《ぎふん》に駆《か》られているのよ。

神武　まったく〝大奥〟ではないです。

中部嘉人守護霊　〝大奥〟じゃないか。

宇田　それは間違えています。

大川紫央　（スマートフォンを見ながら）ああ、ほんとだ。さっきのおじさんじゃなかった。こんな顔だった（顔写真を中部嘉人守護霊に見せる）。

中部嘉人守護霊　うん。

大川紫央　これ？　あなた、これ？

中部嘉人守護霊　さっきよりはいい顔だな。

大川紫央　This is you.

中部嘉人守護霊　知らない。

大川紫央　Is this you?

中部嘉人守護霊　知らない。

大川紫央　「文藝春秋には『新しい挑戦《ちょうせん》』を歓迎《かんげい》する伝統があります」。

神武　社長は、取次のトーハンの相談役でもあるらしいですね。

中部嘉人守護霊　君たちはトーハン・日販を通さないかぎり、本屋にもほとんど本を送ることはできないの。

君たちよりは、取次店《とりつぎ》に対しては、力を持っているのは確実です。

「女性は子供を産む機械」という問題発言

神武　きょう子《こ》氏と宏洋氏を比べてみて、どう思いますか。

中部嘉人守護霊　知らないよ、そんなの。そこまで知るか。

大川紫央　文藝春秋からいろいろな小説が出されていますが、最近のものはどうですか？

中部嘉人守護霊　最近は、売れないときは、年間ベストセラーのベスト二十にも入らないこともあるんでね。本当にねえ。

大川紫央　映画化もしているようですから、そこにも関係しているのでしょうか。

中部嘉人守護霊　映画化はなかなか難しい。うん。やっぱり、「活字」と「映画」は違う。難しいですね。角川とかは、やってるけどね。〝博打《ばくち》商売〟だから。なかなか難しい。協賛ぐらいはするけどね。映画そのものにかかるのは、ちょっとしんどい。

大川紫央　「新しい挑戦を歓迎する伝統」があるそうです。女性でも幹部になれる時代が来てるんですよ。分かりますか。

中部嘉人守護霊　そんなことではなくて、「仕事」を言っているのよ。新しい仕事にチャレンジするのであって、女性が上がることが新しいなんて、全然思ってない。そんなのは間違っている。

大川紫央　では、男性が上がるべきなんですか?

中部嘉人守護霊　アメリカだって、大統領に女性は出ないじゃないの。やっぱり、ちゃんと能力を判定しているんだから。

大川紫央　えっ？　能力がある女性の場合はどうするんですか。

中部嘉人守護霊　「ない」って言うの、そんなの。

大川紫央　女性には能力がないんですか？

神武　女性に能力はない？

中部嘉人守護霊　ないよ。

大川紫央　（苦笑）

神武　では、ヒラリー・クリントンとあなたでは、どちらが頭がいいんですか。

中部嘉人守護霊　基本的には、女性は〝子供を産む機械〟だ。

大川紫央　ですから、「新潮45」になりたいのかと、先ほどから言っているじゃないですか。「新潮45」は、そういうもので潰れたでしょう。

中部嘉人守護霊　私は経理出身だから、書かないから、そういう記事は。

大川紫央　では、「ヒラリーとあなたは、どちらの能力が高いのか」という質問に答えてください。

中部嘉人守護霊　え？　何が？

大川紫央　ヒラリーとあなた、どちらのほうが頭がいいんですか。

中部嘉人守護霊　そんなの知らないよ。ヒラリーの頭なんて。覗《のぞ》いたこともないからさ。

大川紫央　でも、テレビにもたくさん出ているから、どんな人かは分かるでしょう。

中部嘉人守護霊　ヒラリーの頭なんて、私は知りませんよ。そんなおばあちゃんの頭の中身なんか。

大川紫央　（文藝春秋社の）社員平均年齢《ねんれい》、四十四歳《さい》四カ月。平均勤続年数は十八年十カ月。

中部嘉人守護霊　平均収入は書いてないか。

大川紫央　社員数三百四十六名。男女比、男性五十五・一パーセント、女性四十四・九パーセント。

中部嘉人守護霊　女性はみんな、パソコンに打ち込んだりするような、そんな仕事をしていればいいんだよ。

神武　女性は一般《いっぱん》職ですか。

中部嘉人守護霊　「下請《したう》け」というか、まあ、「サブ」なんで。

大川紫央　もしかして、幹部に女性はいないのでしょうか。

中部嘉人守護霊　まあ、なかなか難しいは難しいな。一般にはね。吉高みたいな、あんなとろいのが、編集長みたいに動いたりはできませんよ。

4　虚偽《きょぎ》と捏造《ねつぞう》の書はどのようにして生まれたか

霊言《れいげん》をインチキと決めつける根拠《こんきょ》は、「長男がそう言っているから」

大川紫央　芥川龍之介《あくたがわりゅうのすけ》先生はおたくではなくて、こちらのお仕事をしてくださっていますけどね。

中部嘉人守護霊　それは、私たちはねえ、もうあんな〝インチキ霊言《れいげん》〟は出しませんから、それはそうでしょう。

大川紫央　霊言がインチキであるという理由は？

中部嘉人守護霊　だから、おたくの長男がそう言ってるんで。「霊言というものはない」と言ってるから。

大川紫央　それ以外に根拠《こんきょ》を立証してもらわないと困ります。あの長男はいっぱい嘘《うそ》をついていますから。それは立証できるので。長男の証言以外に、「霊言が嘘だ」と思う根拠を言ってください。

中部嘉人守護霊　いやいや、もう、とにかく、いちばん重要な証言人ですからね、うん。

大川紫央　では、あなたが霊言を嘘だと思う理由は？

中部嘉人守護霊　何が？　……だから、「嘘だ」って、長男が告発……。内部告発っていうのがいちばん……。

宇田　それだけですか？

大川紫央　あなたは霊言を読んだことがないでしょう？

中部嘉人守護霊　週刊誌っていうのはねえ、内部告発で飯《めし》を食ってるんだよ。知ってるの？　もう。

大川紫央　それなら、週刊誌のなかから内部告発する人が出てきたらいいですね。

中部嘉人守護霊　女性の役割っていうのはね、「セクハラされました」「パワハラされました」と垂れ込《こ》んでくるのが仕事なのよ。それから、うちの調査が始まって記事になるわけだよね。

大川紫央　でも、宏洋《ひろし》氏はYouTube《ユーチューブ》で自分でやっているので、（その姿を見たら）余計に信頼《しんらい》感がないと思いますけどね。

中部嘉人守護霊　とにかく、私たちはねえ、「安倍《あべ》政権を倒《たお》すか倒さないか」を判断するぐらいの権力はあるんだよね。

大川紫央　それは分かりましたけれども、霊言が嘘だと思うのはなぜですか。あなたは霊の存在を信じていないんですか。

中部嘉人守護霊　もともとそんなものは認められていないんで。文科省と一緒《いっしょ》で。

神武　霊言の何が嫌いなんですか。

中部嘉人守護霊　学問性がないし、科学的でもないし、世の中も認めていない。まあ、それだけのことですよ。

大川紫央　それでは、もともと「あの世はない」と思っていますか。

中部嘉人守護霊　いや、「霊言なんていうものは認められない」と言ってる。

大川紫央　では、青森のイタコや沖縄《おきなわ》のユタなどはどうなんですか。

中部嘉人守護霊　いや、調べに行ったことがないため、分かりません。

大川紫央　でも、霊言を否定するのなら、それは今後、調べておいたほうがいいのではないですか。

中部嘉人守護霊　ほぼ、ほぼ、〝絶滅《ぜつめつ》している〟というふうに聞いております。

大川紫央　〝絶滅〟はしていません。

「文藝春秋《ぶんげいしゅんじゅう》に『コーラン』を信じている人は一人もいない」

神武　それでは、イスラム教はどうなんですか。イスラム教は霊言ですよ。

中部嘉人守護霊　イスラム教は、日本人で信用している人はほとんどいません。

大川紫央　いや、渋谷《しぶや》のイスラム寺院へ行って、イスラム教徒に霊言を信じるかを訊《き》いてみたらどうですか。

中部嘉人守護霊　もう、早く帰ってほしいと、みんな思っています。

大川紫央　そういうことを訊いているのではないんですよ。質問にちゃんと答えてください。

中部嘉人守護霊　早く日本から出ていって、もう、砂漠《さばく》のほうに帰っていただきたい。

神武　ぜひ、イスラム圏《けん》のサウジアラビアあたりに行って、「霊言は嘘だ、コーランは嘘だ」と言ってみてください。

大川紫央　本当にそうですよ。『コーラン』は霊言だと知らないんですか。

中部嘉人守護霊　すみませんけど、あちらのペルシャ語とか、そういうものはしゃべれない。アラビア語とかしゃべれないもの。

神武　日本語でいいですよ。

大川紫央　『コーラン』を信じている人は何人いると思いますか。

中部嘉人守護霊　一人もいません。文藝春秋《ぶんげいしゅんじゅう》には一人もいません。

大川紫央　文藝春秋のそれは、では「主観」ですね。

中部嘉人守護霊　文藝春秋にはただの一人もいません。

「今は、文藝春秋の社長が〝神〟なんです」

大川紫央　なぜ、文藝春秋のその考えが、日本の正邪《せいじゃ》を分かつ考えにならなければいけないんですか。

中部嘉人守護霊　日本のナンバーワンのオピニオン雑誌を出してるからね。

大川紫央　でも、それは、社員三百四十六人の考えでしょう?

中部嘉人守護霊　ああ、それはもう、選び抜《ぬ》かれたエリートですから。

大川紫央　そうでしょうか。

どうでしょうね、それは。それは国民が納得《なっとく》しない答えだと思いますよ。

中部嘉人守護霊　もうねえ、日本の権力者を倒して歩くエリート集団。

大川紫央　安倍さんを倒せていないですよね。

中部嘉人守護霊　いやいや、あれはバカだから泳がしてるだけで、いつ倒すかは私たちが決められるので。

神武　それなら、いつ倒すんですか。

中部嘉人守護霊　いや、そんなことは内部情報です。私たちは儲《もう》けも考えなきゃいけないので、年間の利益のあげ方も考えながら倒さなきゃいけないので。

大川紫央　じゃあ、あなたは日本の〝神〟なんだ。

中部嘉人守護霊　うん。まあ、そうですね。

大川紫央　ふーん。〝神〟なんですね。

中部嘉人守護霊　もう、だから、「朝日」から「文藝春秋」に移ってるんだ。「朝日」が昔は〝神〟だったんです。「朝日」の社長がね。今は、「文藝春秋」の社長が〝神〟なんです。

大川紫央　何と呼べばいいんですか。〝神〟と呼べばあなたが来るんですか。

中部嘉人守護霊　ああ、神。まあ、印刷するからね、〝かみ〟でいいんだよ。

神武　（苦笑）紙？

大川紫央　ペーパー？

中部嘉人守護霊　まあ、どっちでもいいんだ。

宏洋氏の発言を裏取りせず、そのまま使ったと認める

大川紫央　でも、分かりました。文藝春秋は、時代に取り残された女性蔑視《べっし》の人が社長であると。

中部嘉人守護霊　女性蔑視っていうか、金が欲《ほ》しいだけですよ。何言ってんの。

宇田　「金が欲しい」。

神武　では今、宏洋氏を使って、どうやってお金儲けを目指しているんですか。

中部嘉人守護霊　それは、私が仕掛《しか》けたわけじゃないけどね。それは、やっぱり現場の人間たちがやってることではある。

神武　それで今、「やったー」と喜んでいるんですか。
それとも困っているんですか。

中部嘉人守護霊　それは、どうなるかは分からんから、今、いろんな会議をやってますよ。

大川紫央　まず、憲法を勉強したほうがいいんじゃないですか。人権について、もう一回勉強しておいたほうがいいですよ。

中部嘉人守護霊　とにかくねえ、あなたの言葉は一言《ひとこと》聞いただけでむかつくんで。どうにかならないかなあ。

大川紫央　「信教の自由」があることを知っていますか？

中部嘉人守護霊　「それならオウムを認めるんですか」って切り返しますからね。

大川紫央　オウムは殺人や拉致《らち》という、刑罰《けいばつ》で裁かれる事件を社会的に起こしましたけれども、私たちは起こしていません。

中部嘉人守護霊　だから、もっと狡猾《こうかつ》なんですよ。オウムより、もっと狡猾なんですよ。〝最大の悪人〟がここにいるんですよ。

大川紫央　霊言集を全部読んでから言ってもらえますか。

中部嘉人守護霊　大川隆法っていうやつはね、オウムの上前《うわまえ》をはねるような〝もう一段大きな悪魔《あくま》〟なんですよ。うん。

大川紫央　この方は、「無知」のために、もしかしたら、人生というか、会社の歴史上、〝最大の汚点《おてん》〟を残す可能性があります。

中部嘉人守護霊　とにかく経費削減《さくげん》しなきゃいけないんでね。だから、変に長期調査するよりは、おたくの長男が来てしゃべってるのをそのまま使ったほうが、安く上がるんですよ。

大川紫央　それで墓穴《ぼけつ》を掘《ほ》ったんですよ。

中部嘉人守護霊　調査なんかしてたら金がかかるからね。内部告発したら〝いちばん安い〟んだって。

客観的事実の間違《まちが》いにも、「内部告発の半分はそんなもの」と開き直る

神武　でも、宏洋氏はデタラメすぎて、客観的事実でさえ間違《まちが》えまくっていますよ。

中部嘉人守護霊　内部告発ってのは、半分はそんなもんですよ。

大川紫央　だって、ダーウィンが何万年も前の人になっていましたよ。

中部嘉人守護霊　あなたが言ってるのと変わらないよ、そんなもん。大きくは変わらないよ。

大川紫央　それが活字化されて書籍《しょせき》になっているんですよ。

神武　社会常識的に間違っているところもあるし、本のなかでも矛盾《むじゅん》しているところがあるし、編集機能がなっていない感じです。

大川紫央　あの編集は〝やばい〟ですよね。

神武　学生がやったのかと思うぐらいの感じでした。

大川紫央　そうそう。「隆法の唯一《ゆいいつ》良いところは、ブチ切れないことです」と書いているのに、一方では、「隆法はこのときに、こうブチ切れました」とか書いているので、この本を書いた人は大丈夫《だいじょうぶ》かなと思いました。

中部嘉人守護霊　おたくの、うるさい、いろんな話、そんなの全部、理解してる人はいないんで。ええ。

神武　そういうことではなくて、日本語の国語の問題として、普通《ふつう》に読んだだけでも間違っているところがたくさんあるんです。

中部嘉人守護霊　とにかく、宏洋君の YouTube が基本だからね。

大川紫央　宏洋氏の YouTube は、全部観《み》たんですか。

中部嘉人守護霊　それは下がやってるので。現場の者がやってるので。

大川紫央　ミスしますよ。〝やばい〟ですよ。

中部嘉人守護霊　できるだけ、取材費は……。ああ、うちはねえ、できるだけタダで取材できて、そして、お金になるのがいちばんいいんです。

「霊言」の尊さを理解せず、〝詐欺《さぎ》〟と言い張る

大川紫央　おそらく、あなたたちは、信仰心《しんこうしん》を傷つけることによる精神的な損害が、どれだけのものか分からないでしょうから、かなり危険だと思いますよ。

中部嘉人守護霊　オウムや統一教会が、そんなところの信仰心が傷つけられて、何の問題がありますか。

大川紫央　そうした団体は社会的に事件を起こしていますよ。

中部嘉人守護霊　社会正義が実現されるだけなんです。

大川紫央　幸福の科学は事件を起こしていませんから。

中部嘉人守護霊　毎日、事件を起こしてるじゃないですか。

大川紫央　例えば？

中部嘉人守護霊　だから、詐欺《さぎ》罪じゃないですか。

宇田　何の？

大川紫央　なぜ、「詐欺」と言えるんですか。

中部嘉人守護霊　霊言集は詐欺罪です。

神武　では、あなたは「信仰の自由」を否定するんですか。

中部嘉人守護霊　だから、「それをオウムに言えますか」って、さっき言ったじゃないか。何回言わすんだよ。

「取材をしている」と言いつつ、記者の主観で書かれている

大川紫央　でも、文春は、たくさん詐欺のようなことを起こしているじゃないですか。ありもしないことを書いて、グレーゾーンを攻《せ》めていますよね。

本当に「グレーゾーン」ですよ。嘘か本当か分からないところを、たくさん書きまくっているじゃないですか、毎週毎週。

中部嘉人守護霊　それは〝マスコミの勇気〟って言うんです。

私たちは、ちゃんと、この世にある出来事について記事を書いてるんだよ。あなたがたは、この世にありもしないようなことを、あったかのように書いてるんだ。

大川紫央　文春は、別にこの世にある「事実」を書いていません。

中部嘉人守護霊　あなたがたは、事実のないものを書いています。

神武　「事実」です。

大川紫央　「事実」ですよ。なぜなら、その人（霊人《れいじん》）は実際にいる人ですから。

中部嘉人守護霊　あんたがたみたいな理論でねえ……。

だから、「宏洋の反論は全部、こちらのなかで反論できる人がいます」と言ったって、教団のなかの人がいくら反論したところで、それでいいんだったら、文春の社員が「こう思います」っていうので、全部記事を書いていいので、取材も要《い》らないわ。

大川紫央　いつも、そちらの「主観」で書いているじゃないですか。

中部嘉人守護霊　いや、取材が入ってる、取材が。だから、うちのなかの人の想像で書いたら、それはいけないけども、ちゃんと長男が証拠をいっぱい残してるんだ。

宇田　それでしか書いてないじゃないですか。

中部嘉人守護霊　だから、それは、最有力の〝あれ〟だから。ほかの弟子《でし》なんか、もう、いつでもクビにできるような〝あれ〟ですけどね。

大川紫央　いや、宏洋氏は、クビにされているでしょう?

中部嘉人守護霊　「長男の家出」というのは大変なことですよ。

大川紫央　「家出」ではないですね。

中部嘉人守護霊　教団が長男を殺そうとして、こちらが本当に、バットマンのようにしながらね。

神武　一度も殺そうとしたことはありません。

あくまでも「霊言」を信じない社長守護霊

大川紫央　例えば、杉原千畝《すぎはらちうね》さんのご遺族は、ご本人の霊言《れいげん》（『杉原千畝に聞く　日本外交の正義論』〔幸福の科学出版刊〕）を読んで「こういう人だった」と証言してくれていますよ。

中部嘉人守護霊　あっ、本当にそういう人だよ。宏洋君って、杉原千畝みたいな人、この人は。

大川紫央　あと、あれは誰《だれ》でしたかね。

中部嘉人守護霊　あのねえ、迷信《めいしん》深い人もいるんだよ、世の中にはね。

大川紫央　テレビ番組の取材をしていた人が、確かびっくりしたんですよね。

中部嘉人守護霊　あなた、早く脳外科《のうげか》にかかったほうがいい。

大川紫央　取材をほら、八月ぐらいの、終戦の日あたりの番組で。名前が、牟田口《むたぐち》さんみたいな……、インパール作戦のときの……。

神武　ああ、牟田口司令官でしょうか。

大川紫央　牟田口さん。テレビ番組の取材をしている人が霊言（『インパール作戦の真実　牟田口廉也《れんや》司令官の霊言』〔幸福の科学出版刊〕）を読んでびっくりしていました。「具体的に親族に取材しないかぎり、出てこない証言が出ている」と言って。

中部嘉人守護霊　それは、その放送局が番組で認めて放映したら、事実としてある程度認定されますが、それを内緒で言ったっていうのでは、全然信用になりません。それは、あなたがたに攻撃《こうげき》されたくないために、嘘を言ってる可能性だってあるわけですから。

大川紫央　いえ、わざわざ言ってきたんですよ。

中部嘉人守護霊　いや、それは、あなたがたに、これ以上攻撃されたくないから、そのために言ってるだけかもしれない。

「マスコミは疑うところから始まる」と言いつつ、宏洋氏を疑わない矛盾《むじゅん》

大川紫央　でも、それはあなたの「主観」ではないですか。「事実」ではないんじゃないですか。

中部嘉人守護霊　マスコミというのは、疑うところから始まるんで。

大川紫央　では、やはり、「事実」ではないですね。

宇田　では、宏洋氏の言っていることも疑わなくてはいけませんね。

中部嘉人守護霊　うーん……、科学も疑うところから始まる。

神武　宏洋氏は疑わないんですか。

中部嘉人守護霊　何が？

大川紫央　宏洋氏については疑わないんですか。

神武　宏洋氏についても、疑ったらどうですか。

中部嘉人守護霊　もう、パンツ一枚になって、あとは、そのパンツを脱《ぬ》がせるかどうかだけの問題ですから。

大川紫央　パンツを脱いだら、もう逮捕《たいほ》されますよ。そのくらいの人ですよ。〝紙一重《かみひとえ》の人〟ですよ。

中部嘉人守護霊　だから、「そこまで脱いだら、もういい」って。「もう、これ以上脱がなくていい」と言っている。

大川紫央　いや。脱ぐと思いますよ、これから。これから、もっとお金がなくなりますから。

中部嘉人守護霊　「これ以上、脱がなくてもいい。もう、君を信用してあげるから、それ以上脱がなくていい」と言っている。

大川紫央　当会の行事で生歌《なまうた》を歌ったら、内部からですら、批判が出たぐらいですから。

宇田　「下手《へた》」と言われました。

中部嘉人守護霊　あれは「新潮」に言われたからでしょ？

大川紫央　いえ、「新潮」に言われたからではないですよ。信者さんのアンケートに、「もう、二度とこういうことはやめてほしい」と数多く書かれていたんですよ。

中部嘉人守護霊　うん。それは「内部の陰謀《いんぼう》にやられた」って彼は言ってるらしいから。

宇田　いえ、素直《すなお》な意見です。

中部嘉人守護霊　信者がそういうことを書くかい？　信者が書くはずはありません。

宇田　素直な意見です。

大川紫央　信者さんの意見でそれだけ出るということは、よほど、みんな我慢《がまん》できなかったんですよ。

中部嘉人守護霊　あれは彼が言ってるとおり、竹内《たけうち》とかいう者の陰謀に引っ掛かって、やられたんだよ。

宇田　陰謀ではないです。

中部嘉人守護霊　陰謀じゃないか！

内容の裏取りをしない、ずさんな取材姿勢

大川紫央　竹内さんを知らないのに、なぜ、あなたはそうやって決めつけるんですか。

中部嘉人守護霊　まあ、本に出てるからね。

大川紫央　裏取りしたんですか。

中部嘉人守護霊　ええ？　そう言ってますから、ちゃんと。

大川紫央　裏取りしたんですか。

中部嘉人守護霊　だから、それは、もう取材が終わってるんだ、去年に。

大川紫央　いえ、竹内家に取材なんて来ていないです。

中部嘉人守護霊　去年、終わってるんだよ。

神武　確かに、「そのくらいは取材しなさいよ」というぐらいのものですよ。

大川紫央　本当ですよ。経費を削《けず》りすぎて取材できなくなってるんじゃないですか？

神武　もう、ネットで調べているんでしょう?　足で稼《かせ》がないで。

大川紫央　テレビ番組が、それでたくさん失敗しているじゃないですか、最近。

中部嘉人守護霊　一人ね、誰《だれ》かが言ってきたら、それでもう十分なの。あとは検索《けんさく》したら、もうそれでいいの。

大川紫央　それは〝やばい〟ですね。

中部嘉人守護霊　金を使わないようにするには、そうするしかないでしょう?

神武　それだったら、当会のほうがよほど良心的ですよね。霊査《れいさ》も〝三角測量〟していますし。

大川紫央　本当ですね。最近、よくテレビが〝やらかして〟いるじゃないですか。若手職員が、ネット情報を事実だと思ってそのままニュースにしたら、それが間違いだったということで、「ネットを見てやってしまいました。申し訳ございません」と。同じレベルということですか。

「霊言は許せない」と激しく糾弾《きゅうだん》

中部嘉人守護霊　まあ、私たちは、安倍さんのをやるのでも、いちおう安倍さんにしゃべらせて記事にしてるけど。あなたがたは、安倍さんに会いもしないで、「安倍さんの守護霊に訊いた」と称《しょう》して本にして出すからね。こんなの、出版業界として絶対許せないことですよ。

大川紫央　では、「安倍さんの守護霊霊言」は読んだんですか。

中部嘉人守護霊　出してることは知ってますよ。

大川紫央　読んだんですか。

中部嘉人守護霊　だから、「許せない」って言ってるの。

宇田　当会に嫉妬《しっと》しているんですか。

中部嘉人守護霊　詐欺罪です。それはねえ、報道倫理違反《りんりいはん》です。

大川紫央　報道倫理違反じゃなくて、もっと深く相手の本心が分かるんです（質問者注。報道倫理よりも、より誠実な姿勢で取材していると言えます）。

総裁がお会いしたことのない方の霊言本でも、地上のご本人だけでなくて、その周りにいる人たちが、本の内容は本人そのものだとおっしゃることもよくあります。

中部嘉人守護霊　そんなね、もういくらでも創作できるんだから、そんなことは。そういうね、本人に会わないで、勝手に「本人の意見だ」って称して出すなんて。

宇田　嫉妬しているんですね。創作しようと思ってできることじゃないですよ。みんな実体験してますよ。

中部嘉人守護霊　今、国際問題に、もうなりかかってるんだ、あれ。「習近平《しゅうきんぺい》の守護霊意見」だとか、いろいろ出してね、もう国際問題になりかかってるんだから。

宇田　それは、やはり知っているんですね。関心がある。

中部嘉人守護霊　もうすぐ、あなたがたも教団、取り潰《つぶ》しになるよ、もう、あれね。もう、中国からの激しい反撃を受けてね、政権も今、弾圧《だんあつ》をかけようかどうか、あんたがたについて、非常に行動調査してるからね。

大川紫央　いや、でも、アグネス・チョウさんの守護霊霊言で、「自衛隊に来てほしい」と書いたら、中国はそれを報道したんですよ。ということは、「霊言を信じた」ということでしょう。

中部嘉人守護霊　いや、そういう誤報は怖《こわ》いからね。

大川紫央　「霊言を信じた」ということでしょう？　「アグネス・チョウ（守護霊）がこう言っている」と。

中部嘉人守護霊　いやいや、アグネス・チョウを追い込むには、利用価値があったということだ。

大川紫央　でも、それは信じたことになりますよ、やはり。「引用した」ということは。

中部嘉人守護霊　いや。利用価値があるからだ。

アグネス・チョウは、それを否定したんだから。だから、「利用価値があった」ってことですよ。

5 「文春」編集部の危機的実態

あまりにも事実誤認の多い宏洋《ひろし》氏の著書

大川紫央　それで、今日は、何を言いに来たのですか。

宇田　困っているのですか。

中部嘉人守護霊　だから、君たちは〝インチキ教団〟なんだから、もう、これを機会に、バッサリとやめていきなさいと。

大川紫央　「訴訟《そしょう》をやめてくれ」と言いに来たのですか。

中部嘉人守護霊　私は、経理的な意見としても、まずは政党をやめることから始まって、幾《いく》つかやめるべきことをもう言ってあるから、ちゃんとそれを守りなさいよ。

大川紫央　（苦笑）「言ってあるから」って、あなたに言われたことはないですよ。

中部嘉人守護霊　本に出てるんだから、ちゃんと。

大川紫央　では、あの本には社長の意見も入っているんですか。

中部嘉人守護霊　ええ？　まあ、「承認してる」んだから、しょうがないでしょう。

大川紫央　一冊一冊は読んでいないでしょう。

中部嘉人守護霊　うちから出てるんだから、それは読んでますよ。何言ってんの。

神武　その宏洋《ひろし》氏の本なのですが、去年から「準備している」という噂《うわさ》のようなものがあったのですが。

大川紫央　ありましたね。

神武　時間はあったのに、内容はけっこう間違《まちが》いだらけで。

大川紫央　本当ですね（笑）。

神武　「どんな仕事をしていたんだろう?」と思ったのですが。

大川紫央　「よっぽどちゃんとしたものを出してくるのかな」と思ったら、ものすごくデタラメで、びっくりしましたよ。こんなものでよく出せたなと。

しかも、漢字を間違えていましたよ。それを（「宏洋本への反論座談会」で）指摘《してき》してあげたかったけれども、もう時間もないのでやめたんですよ。「天才児養成祈願《きがん》」の「養成」

という漢字を間違えていましたよ。

宇田　はい。間違っていましたね。

神武　それに、もう開催《かいさい》していない祈願も載《の》っていました。

大川紫央　一億円の祈願もありませんしね。「二〇一七年は、数百億円の赤字」って、そんなことはないんですけれども、どこの情報を取ったんですか（著者注。「自分がリストラされるぐらいなので赤字に違いない」と考えたのかもしれないが、●解任の主たる理由は財政問題ではなく「女性問題」である）。

中部嘉人守護霊　まあ、どこかから出てるんだよ。

大川紫央　あなたたちの頭は大丈夫《だいじょうぶ》ですか。

●解任の主たる理由は……　大川宏洋氏は2017年11月23日付で、幸福の科学のグループ企業であるニュースター・プロダクションの代表取締役社長を解任されたが、その主たる理由は、自身の女性問題における公私混同と経営能力不足等にある。『宏洋問題を斬る』『宏洋問題の深層』等参照。

中部嘉人守護霊　まあ、言う人がいるのよ。
だからねえ、いや、あなたがたは、あまり見ていないみたいだけどね、まあ、出版社っていうのは、そういう〝垂れ込《こ》み情報〟の山なのよ。

神武　でも、普通《ふつう》、真偽《しんぎ》を調べるでしょう。

大川紫央　出版社も危ないのではないですか。最近、みんな、ネットでクリックして調べて、嘘《うそ》の情報をそのまま鵜《う》呑《の》みにしているのではないですか、もしかして。

神武　学生レベルですよ。

話し合いから逃《に》げたのは、どちらなのか

中部嘉人守護霊　まあ、宏洋君も、匿名《とくめい》でやれば別にいいところを、名前も顔も出して、本人がインタビューに応じるっていうところまでやってるのに。

神武　それは、自己顕示欲《けんじ》が強いからですよ。

大川紫央　ひとえに、自己顕示欲が強い。

中部嘉人守護霊　幸福の科学に、大川隆法に取材を申し込んだら、ちゃんと広報局で断って。そして、「本を出されるんだ」って、慌《あわ》てていろんなものを集めて書き始めたんで。
　本当に、君らは、やる気が全然ないし。嘘つきだっていうのがよく分かりましたよ。

大川紫央　いえいえ、宏洋氏関係者三十人ほどのインタビュー自体は録《と》っていたんですよ。

中部嘉人守護霊　逃《に》げたんだよ、逃げたんだよ。ただただ逃げた。

大川紫央　いえ、先日、「文春」まで行って説明したと言っていました。

中部嘉人守護霊　あのね、「幸福の科学の本に載ってます」なんていうのはね、資料にもならないの。

大川紫央　広報局の人が行って、事実と違うことを書かないように、強く申し入れをしています。

中部嘉人守護霊　もう下《した》っ端《ぱ》ばっかりだよ。だから、ほとんど、最後、追い詰《つ》められて、「本が出る」というのを聞いて、慌てて動くかどうかで。今回も、大川隆法に吹《ふ》き飛ばされたらいけないから、慌てて働いてるふりをしてるだけだよ。

一般《いっぱん》的な感覚とズレている宏洋氏の「大いなる勘違《かんちが》い」

大川紫央　宏洋氏は本当に感覚がズレているので、たぶん、今でも、もしかしたら、「先生が謝《あやま》ってきて、自分がまた後継者《こうけいしゃ》として帰れるんじゃないか」ぐらいの気持ちでいると思いますよ。

宇田　思っていそうです。

大川紫央　もうレベルが違《ちが》うのにね。

神武　そんな感じのことが本にも書いてありましたよね。

大川紫央　そう、自分で書いていました（笑）。

神武　もうびっくりして、みんなそこに「えぇーっ！」みたいな（笑）。

宇田　誰《だれ》も思っていないです。

神武　ここまで勘《かん》違いしますかと。

大川紫央　いや、でも、このレベルでも、暴《あば》れて駄々《だだ》をこねているつもりなんだと思います。

神武　もう幼稚園生《ようちえんせい》レベルです。

宇田　すごく迷惑《めいわく》です。

神武　（精神年齢《ねんれい》が）四歳《さい》から変わっていないのではないでしょうか。

大川紫央　もう、それくらいの人ですよ。

宇田　「自己愛の塊《かたまり》」です。

大川紫央　たぶん、自分がどの程度のことをやらかしているかが分かっていないですよ。

「出版差し止めをされると困る」という本音

中部嘉人守護霊　君らが、もう本当に洗脳され尽《つ》くしてることだけはよく分かりました。

大川紫央　ですから、洗脳されていません。

中部嘉人守護霊　洗脳されてる。

神武　では、今後、幸福の科学にされて困ることは何ですか。やってほしくないことは何でしょうか。

中部嘉人守護霊　うーん……。まあ、出版妨害《ぼうがい》とか。

大川紫央　それはするでしょう。出版差し止めを。

中部嘉人守護霊　「するでしょう」って何？　あなた、もう〝犯行〟を認めるのか。

大川紫央　出版妨害ということではなく、あんなデタラメな本は、出版差し止め請求をするでしょう。

宇田　そうしたら困るんですね。

大川紫央　だって、あれは本当に、そちらからの洗脳だと思いました。宏洋氏と文藝春秋《ぶんげいしゅんじゅう》は、一般《いっぱん》の人を嘘で洗脳するんだなと思いました。

中部嘉人守護霊　まあ、あなたがインチキ守護霊霊言《れいげん》をやったために、文科省のインチキ文科大臣をクビにできずに、おたくは大学認可を取り消されたっていうの、もう、ほとんどあなたの悪口が原因だって言われてるんだ。性格が悪いんだから、もう早く、あのときに辞《や》めたらよかったんだ。

もう私たちは、〝マスコミ界のチャンピオン〟だからね。だから、それを代表して言ってるんだけど、ああいうことが許されたらね、もうマスコミ界は干上《ひあ》がるんですよ。だから、おたくはもう、〝取材費ゼロ〟で取材したように本が出せるっていうのは……。

宇田　嫉妬《しっと》している？

中部嘉人守護霊　これで、もうねえ、全マスコミ界はねえ、本当に腹が立ってるんですよ。もう、新聞社まで含《ふく》めてね。

大川紫央　霊の声が聞こえる人だって、日本国民を調査すればもっとたくさん出てくると思いますけど。

自分が「霊言《れいげん》」をしていることを、あくまでも認めない中部社長守護霊

大川紫央　霊言《れいげん》を信じないのなら、なぜ今、あなたは総裁先生を通して話しているんですか？

中部嘉人守護霊　何が？　私はただ怒《いか》ってるだけなんで。

大川紫央　これを「霊言」というんですよ。

中部嘉人守護霊　知りませんよ、そんなものは。

宇田　（苦笑）

大川紫央　これは霊言です。

中部嘉人守護霊　知りません。そんなものは知らん。したことはないし。

宇田　今しています。

大川紫央　それでは、あなたは誰ですか？

中部嘉人守護霊　ええ？

大川紫央　あなたは大川隆法総裁ですか？

中部嘉人守護霊　知らないよ。

大川紫央　あなたは誰ですか？

中部嘉人守護霊　知らないよ。

宇田　名前は？

中部嘉人守護霊　知らないよ、そんなの。

大川紫央　あなたは大川隆法総裁なんですか？

中部嘉人守護霊　ええ？　知らないよ。

とにかく、〝週刊文春の良心〟だな。うん。いや、週刊文春じゃない。文藝春秋……。

女性編集長を「しょせんは『お茶汲《く》み』」と言う

大川紫央　（スマートフォンで顔写真を見せて）あなたはこの顔？

中部嘉人守護霊　こんなブサイクじゃない。

神武　編集長ではないのですか？

中部嘉人守護霊　ええ？

神武　編集長ではない？　社長ですか？

大川紫央　まあ、中部社長でしょうね。

神武　いちばん偉《えら》い人ですか？

中部嘉人守護霊　まあ、「いちばん」と言うのかどうかは知らんが、一般的にはそう思われてるな。

大川紫央　社長でしょう？

宇田　中部社長ですか。

神武　先ほど、〝マスコミ界のチャンピオン〟とおっしゃっていましたが、「出版社売上高ランキング」で一位はどこですか？　今、出版界のトップにいるんですよね？

中部嘉人守護霊　まあ、〝いい記事〟で売上トップはうちですね。

神武　一位、講談社。

中部嘉人守護霊　それは嘘がいっぱいありましたから。

神武　二位、集英社。

中部嘉人守護霊　あっ、それは……。

神武　三位、KA《カ》DO《ド》KA《カ》WA《ワ》。

大川紫央　えっ、KADOKAWAに負けているんですか？

中部嘉人守護霊　上の二つはね、それ、マンガです。

神武　文藝春秋は二百十九億円で八位。講談社は千二百四億円ですよ。

大川紫央　まったく違いますね。

神武　もう桁《けた》が違います。

中部嘉人守護霊　講談社だとかは、それ、マンガなんですよ。マンガで売り上げてるんですよ。

大川紫央　桁が違いますよね。

中部嘉人守護霊　マンガです。

神武　六倍ぐらい差があります。

中部嘉人守護霊　マンガの売上ですから。

大川紫央　そんなにお金に困っているのであれば、マンガを出せばいいんじゃないですか。

中部嘉人守護霊　あなたがたは、もう出版社の違いが分からないらしいけど……。

神武　先ほど、ちょっと調べたら、二〇一六年時点、創刊五十七年の「週刊文春」の歴史で女性編集長が一人もいなかったそうです。

大川紫央　信じられないですね。

中部嘉人守護霊　それは当たり前です。

神武　「週刊文春Woman《ウーマン》2016新春スペシャル限定版」という特別号のようなものをつくって、そこで五十七年目にして初めて、女性編集長が出てきたそうです。

そのときの女性編集長になった人のコメント。「『文春もついに女性活用か』と、思っていただいて結構です（笑）」と。

大川紫央　時代に遅れていますね。

中部嘉人守護霊　とにかく、しょせんは「お茶汲《く》み」なんですよ。

大川紫央　（苦笑）その価値観はどこから来るんですか。

中部嘉人守護霊　だから、要《い》らないんだよ。編集長なんていうのは、もう「二十四時間、三百六十五日戦えますか」の世界なんで。

大川紫央　それは、宏洋君に言わせると、〝ブラック〟なんですよ。

中部嘉人守護霊　ええ、〝ブラック〟ですよ。編集長に関しては。ただね、まあ、日本の、ある意味での〝最高権力者〟ですから。だから、これは、出版界における〝検事総長〟なんで。

大川紫央　でも、あなたがたが、いくらそういうデマの本を出して、一般の人に嘘の人物像や組織像を広めようとしても、私たち信者は全然引かないというか、まったく揺《ゆ》るぎもしません。

中部嘉人守護霊　ああ、「引かない」っていうことは、受け入れるっていうことですね？私たちの意見を。

宇田　いや、嘘すぎて……。

大川紫央　「引かない」っていうのは、私たちの意見は、惑《まど》わされないというか、微塵《みじん》も同感できないんですよ。それを通して、この幸福の科学や総裁先生に不信を抱《いだ》くことはありません。

記者は思想・信条を明らかにし、名前と顔写真を出した上で書くべき

神武　むしろ、文藝春秋さんのほうが大丈夫かなと心配しているぐらいなんですよ。

大川紫央　こういうレベルの本を出すということは、危ないなと思いました。

中部嘉人守護霊　私たちは人権を護《まも》ろうとして、今、頑張《がんば》ってるんですよ。

神武　人権侵害《しんがい》していますよ。

中部嘉人守護霊　幸福の科学でねえ、囚《とら》われの身になっている洗脳されてる人たち、一万三千人ぐらいの洗脳されている人たちの洗脳を解くためにねえ、今、一生懸命《いっしょうけんめい》、頑張っているんですよ。

神武　いや、あなたこそ、宏洋氏に洗脳されていますよ。

中部嘉人守護霊　ええ？　ウイグルなんか責めちゃいけないんで。あんたがたこそ、ウイグルなんだから。ウイグルの自治区なんですよ、ここは。

宇田　私たちは命より信仰《しんこう》が大事なので、大丈夫です。

大川紫央　ただ、私たちから言わせてもらうと、もう、それだけ〝人を斬《き》る〟権限があるとお思いだったら、〝斬る人〟は、やはり、自分の思想・信条を明らかにして、名前を出した上で記事を書くべきだと思います。そうでなければ、おかしいでしょう。

別に、国民に選挙で選ばれたわけでもないその人が、国民に選ばれた政治家のクビを切る

●一万三千人ぐらいの……　幸福の科学の信者の実数が1万3千人というのは、まったくの虚偽であり、海外の小さめの一支部の信者数ぐらいである。海外の信者数は、一例として、ネパールで約7万2千人、ウガンダで約6万6千人、スリランカで約4万2千人である（2020年3月時点）。

のであれば、その記事を書いている人は、自分の思想・信条を明らかにし、名前と顔写真を出した上で記事を書くべきだと思います。

教義を勝手につくることが、クリエイティブなのか

中部嘉人守護霊　あなたのは出てるのかよ。あなたなんか絵本しか書いてないじゃないか。絵本しか書けない人が言うなよ。

大川紫央　顔も出ています。名前も出ています。

宇田　絵本だけではなく、本も出しています。

中部嘉人守護霊　宏洋もちゃんと批判してるじゃないか。「自分の考えで、ものを考えられない人だ」って書いてるじゃない。

大川紫央　いえいえ、普通、教義のなかで話をするでしょう。

中部嘉人守護霊　それは頭が悪いからだよ。

大川紫央　宏洋氏は教義を勝手につくりたいから。

中部嘉人守護霊　頭がクリエイティブだからね。

宇田　間違っています。

大川紫央　あの人に、どんな教えがあるんですか。

神武　宏洋氏は、全然クリエイティブではなく、ワンパターンなんですよ。

大川紫央　宏洋氏は、全部ほかのパクリです。

関心があるのは、やはり「お金」と「女」

中部嘉人守護霊　やっぱね、果実を見れば、いい木かどうか分かる。あの果実がね、もし「悪い」って、あんたがたが認めてくれるなら、それは、幸福の科学の木が悪いんだよ。あんたがたが言うような「魂《たましい》」を認めるとして、それが長男に生まれてきて、それが悪魔《あくま》なんだったら、おたくがおかしいんだよ。

大川紫央　いえいえ。

神武　生まれによって決まりません。本人が自《みずか》ら悪の道を選んだだけですよ。

大川紫央　過去世《かこぜ》が偉くても、現代の民主主義社会、競争社会において敗れていっているんです。

中部嘉人守護霊　だいたい、奥《おく》さんにも離婚《りこん》して逃げられ、長男にも逃げられたら、もう擁《よう》護《ご》する人はいない。

神武　「逃げられた」とかではなく、こちらから追放しているんです。破門《はもん》しているんです。

中部嘉人守護霊　いちばん近い人が、「こんな悪人にはついていけない」と思ったんだから。

宇田　そういうことは、歴史上もたくさんありました。

神武　紫央さんがいるじゃないですか。

中部嘉人守護霊　これも逃げる。もうすぐ逃げるよ、これだって。

宇田　逃げません。

大川紫央　逃げないです。

神武　全然逃げないですよ。

中部嘉人守護霊　ちゃんと逃げる。お金だけ持って逃げるんだよ、もうすぐ。

神武　そういうのを書きたいんですね。そういうのを書きたいんでしょう。

中部嘉人守護霊　幾ら狙《ねら》ってるかは関心があるよ。

大川紫央　やはり、「お金」と「女」なんですね。

中部嘉人守護霊　関心はあるよ。これは、ほんとにお金で来てるらしいから。

神武　ところで、あなたはどういう女性が好みですか。

中部嘉人守護霊　女性には、好みはありません。

神武　好みがない？　誰でもいいんですか？

中部嘉人守護霊　嫌《きら》いです。

神武　女性は嫌いなんですか？

中部嘉人守護霊　はい。基本的に嫌いです。

神武　女性のどういうところが嫌いなんですか。

中部嘉人守護霊　頭は悪いし、仕事はせんし、金は食うし、もう要らんわ、本当に。

宇田　仕事ができる人だっていますよ。

中部嘉人守護霊　いません。

神武　仕事ができる女の人に会ったことはないんですか。

中部嘉人守護霊　雑用するしか、いないの。

6 「文春」の凋落《ちょうらく》

三十万部を割ったのは「しょうがない」

大川紫央 「FACTA《ファクタ》」というところが、今年の一月号で、「『文春砲《ほう》』で大物政治家をたびたび辞任に追い込《こ》んできた週刊文春が実売部数で30万部を割った。日本ABC協会がまとめた最新の『雑誌販売《はんばい》部数一覧表』(二〇一九年上半期平均)で分かった。インターネット、スマートフォンの普及《ふきゅう》により、週刊誌を購入《こうにゅう》しなくてもおおよその記事内容を知ることができる環境《かんきょう》が広がったことが背景にあり、スクープを連発すれば部数が伸《の》びる時代は終わったと言える」と書いています。

中部嘉人守護霊 「文春砲」という言葉があるんですからねえ。

神武　もう、ちょっと死語になっていますけれども。

大川紫央　花田《はなだ》編集長のときに七十六万部あったものが、今は三十万部を割ったらしいです。

中部嘉人守護霊　今、説明してるじゃない。だから、インターネットの普及により、そうなったんで。

大川紫央　「週刊文春『30万部割れ』ショック」と見出しが付いています。

中部嘉人守護霊　おたくの雑誌は何部売れてるんですか。減ってるでしょ？

大川紫央　「スクープ連発の文春でさえ止まらぬ部数減。ネットの収入増で補い切れるか」と書かれています。

中部嘉人守護霊　おたくの十倍か二十倍はあるはずですよ。

大川紫央　でも、減っているでしょう？

中部嘉人守護霊　だから、「おたくなんか、支持を受けていない」っていうこと。

大川紫央　でも、あなたたちは減っているでしょう？

中部嘉人守護霊　ほかのところも減ったんだから、しょうがないでしょう。

大川紫央　私たちは、この間、少し上がりました。

中部嘉人守護霊　活字離《ばな》れしてるんだから。

神武　当会は、「ほかのところが減っているからしかたない」というような考えではありません。

中部嘉人守護霊　そりゃあね、信者が少ないからねえ？

「文春砲《ほう》」よりすごい、大川隆法総裁の「先見力」

大川紫央　でも、当会では、「中国発の経済不況《ふきょう》が来る」と、昨年末に総裁先生がおっしゃって、今、当たっていますよ（『新しき繁栄《はんえい》の時代へ』〔幸福の科学出版刊〕参照）。「文春砲《ほう》」よりすごいです。

神武　そういうものは書けないでしょう？

中部嘉人守護霊　毎年言ってたら当たるよ、そんなことは。

大川紫央　毎年は言っていません。

中部嘉人守護霊　ええ？　まあ、いっぱい言ってるんでしょう？　長々と。だから、（宏洋《ひろし》氏が）「唯一《ゆいいつ》のカリスマ性は、話が長いこと」と言ってるから。長い話をすりゃ、いくらでも、いろんなことが入るから、どれかが当たったら、「これが当たった」って言うて、外れたことは全然言わない。

大川紫央　「週刊文春」は一週間に一回も出していますよね。週刊で出しているのだから、そちらも多いでしょう。

中部嘉人守護霊　あのねえ、言ってることの次元が違《ちが》うのが、分からないんだよ。

大川紫央　いや、あなたも、先ほどから次元が違うことをたくさん言っていますよ。

中部嘉人守護霊　本当に、こんな人は早く追い出したほうがいいよ。そうしたら、経理的にもよくなるから。

「文春編集長は〝検事総長〟で、文藝春秋《ぶんげいしゅんじゅう》社長は〝最高裁長官〟」？

神武　あなたには仲のいい人はいますか？　私たちの知ってる人で。

中部嘉人守護霊　ええ？

神武　仲のいい人です。

中部嘉人守護霊　言ってる意味が分かりません。

神武　社長であれば、けっこう、人付き合いをしないといけないと思うのですけれども、どういう人と交流があるのですか。

中部嘉人守護霊　私たちは公正中立です。

宇田　公正中立ではないのでは？

中部嘉人守護霊　文春の編集長は〝検事総長〟であり、文春の社長は〝最高裁の長官〟です。

大川紫央　それは、ごめんなさい。国民は誰《だれ》もそのことに納得《なっとく》して承認していないです。

神武　〝最高裁の長官〟ですか。

中部嘉人守護霊　そうです。

神武　それなら、国民審査がありますね。

中部嘉人守護霊　あんなもの、やる意味がない。全員信任ですから。

大川紫央　でも、たぶん、この人がやっているかぎり、文春はもっともっと時代遅《おく》れになっていって、部数は減るのではないでしょうか。さようなら。
明日《あした》、こちらは仕事なので帰ってください。

中部嘉人守護霊　やっぱりねえ、〝霊言《れいげん》商法〟みたいなねえ、こんな〝詐欺《さぎ》商法〟がねえ、儲《もう》けるっていうのは許さないよ。

大川紫央　残念でしたね。
文春から出した宏洋氏の本こそ問題でしたよ。あれの九割は、宏洋氏の妄想《もうそう》です。九割は宏洋氏の妄想でしょう。

中部嘉人守護霊　あなたがたの言ってる本の発行部数も、みんな詐欺だからね。まとめ買いをしてるのも、ちゃんと告発してるじゃないか。

神武　まとめ買いをするほどの信仰心《しんこうしん》があるということなんですよ。文春をまとめ買いする人はいますか。そんなにたくさんいますか。

中部嘉人守護霊　だから、あんたら、宗教ならちゃんと買えよ、まとめ買い。いくらでも刷ってやるからさあ。買えよ。

神武　宏洋氏の本ですか?

宇田　買いません。

大川紫央　幸福の科学は創価学会《そうかがっかい》と違いますから。

中部嘉人守護霊　あと、週刊誌に載《の》せたのも、まとめ買い……。

大川紫央　もったいないから、せめて回し読みです。

神武　当会は経典《きょうてん》の数が多いので。宏洋氏の本を置くスペースもないし、もう、読もうとも思わないです。時間がもったいないですし、お金ももったいないですし。

イメージ操作で洗脳しようとしてくる「週刊文春」

中部嘉人守護霊　「大川隆法の長男、六時間のロングインタビュー」と銘打《めいう》ったら、部数は増えましたよ。ちゃんと売れましたよ。

大川紫央　あの本の論点は、YouTube《ユーチューブ》と同じなので、読まなくても大丈夫《だいじょうぶ》でしょう。

宇田　何も変わりません。同じことばかりです。

神武　そう、同じことばかりですよね。

中部嘉人守護霊　ああ、だから、買う人が少ないんなら、信者数が少ないんだ。

宇田　違います。

大川紫央　本当に刑事告訴《けいじこくそ》までされないように気をつけてくださいね。

神武　本当に犯罪と言いたいぐらいですよ。

中部嘉人守護霊　まあ、それは君たちに返したいよ。君たちがやってることは詐欺罪だ。〝永遠の詐欺罪〟なんですから。

神武　霊言が犯罪なんですか?

大川紫央　残念ながら、宏洋氏は〝永遠の詐欺罪〟を犯《おか》していますからね。それを証拠《しょうこ》として使っていますから。

中部嘉人守護霊　いくらねえ、私が言ったことを、「文春の社長の（守護霊）霊言だ」と言ったって、そんなの証明するものが何もないんだから。写真は撮《と》れないし、何の証明もできないんですからねえ。

大川紫央　だから、文春さんも宏洋氏同様洗脳したいんでしょう？　一般《いっぱん》の人に、「大川隆法は、こういう人だ」と。

中部嘉人守護霊　ああ。インチキを言っとるんだ。

大川紫央　と、洗脳したいんでしょう？

中部嘉人守護霊　ああ。「文春砲」対「インチキ砲」の戦いだ。

大川紫央　いえいえ、文春も人に対しての洗脳でしょう？

中部嘉人守護霊　洗脳じゃありませんよ。

大川紫央　「イメージ操作」「洗脳」。

中部嘉人守護霊　私たちは洗脳なんかしませんよ。私たちは教訓を垂れてるんであって。

大川紫央　いや、洗脳ですよ。

中部嘉人守護霊　教訓を垂れてるんです。立場が高いの。

大川紫央　洗脳です。イメージ操作をしたいことは丸見えです。

神武　では、宏洋氏の件は、どういう教訓なんですか。

中部嘉人守護霊　何が？

神武　宏洋氏の件では、どういう教訓を垂れているんですか。

中部嘉人守護霊　幸福の科学は、この一本の糸を抜《ぬ》いただけで、全部、瓦解《がかい》していくのよ。

神武　（笑）まったくしていません。

大川紫央　全然、瓦解していません。

宇田　動じません。

中部嘉人守護霊　セーターの紐《ひも》を一本抜いたら、全部ほどけていくようなもんだよ。

大川紫央　大丈夫です。宏洋氏は今まで、そんなに要《かなめ》にいた人ではないので。彼がいないことを前提にして、組織は動いていますから。

中部嘉人守護霊　「文春みたいな良識のあるところが、〝それ〟を認めた」ということは……。

神武　文春が良識のあるところだとは、誰も思っていないですよ。

中部嘉人守護霊　そんなことはないですよ。君たち以外、全員、そう思っている。

大川紫央　週刊誌は、やっぱり、週刊誌としてのイメージですよ。

さようなら。

中部嘉人守護霊　君らみたいな〝ミニコミ誌〟と、それから、〝霊感商法〟〝霊言商法〟は、今回、大不況が来るから、もう、それで潰《つぶ》れるわ。

宇田　潰れません。

中部嘉人守護霊　バイバイだ。

7 文藝春秋社長守護霊《ぶんげいしゅんじゅう》の本心を総括《そうかつ》する

大川紫央　では、ヤイドロンさん●を呼びますか？　電気ショックを受けてみますか？

宇田　受けてみたらどうですか？

神武　急に黙《だま》った。

大川紫央　ヤイドロンさん、ヤイドロンさん。

中部嘉人守護霊　いやあ、知らんけど、そんなもん、やったところで……。

大川紫央　（手を三回叩《たた》く）ヤイドロンさん、ヤイドロンさん。

●ヤイドロン　マゼラン銀河・エルダー星の宇宙人。地球霊界《れいかい》における高次元霊的な力を持っており、「正義の神」に相当する。現在、地上に大川隆法として下生《げしょう》している地球神エル・カンターレの外護《げご》的役割を担《にな》う。地球上の文明の興亡や戦争、大災害等にもかかわっている。『イエス　ヤイドロン　トス神の霊言』（幸福の科学出版刊）等参照。

中部嘉人守護霊　私の話がねえ、「文春の社長の（守護霊）霊言《れいげん》だ」という証明にはならないからね。

大川紫央　ヤイドロンさん、ヤイドロンさん。電気ショックをお与《あた》えくだささい。ヤイドロンさん、ヤイドロンさん。ぜひ、捕《つか》まえて、電気ショックをお与えくださ い。

（約二十秒間の沈黙《ちんもく》）

経理部門出身の社長は、採算に関心があっても内容に関心はない

ヤイドロン　ヤイドロンです。

質問者一同　ありがとうございます。

ヤイドロン　まあ、断末魔《だんまつま》ですね。

大川紫央　ですよね。

ヤイドロン　本も。

大川紫央　たぶん、「しくじった」と思っていそうです。

ヤイドロン　「戦う」ほう、書くほうじゃなくて、経理のほうだから、「守り」なので。だから、「これで、もしかしたらバッシングを受けると、売上がさらに減る」と判断していて、今、そうとう苦しい状況《じょうきょう》です。

大川紫央　たぶん、本の内容を精査していなかったですよね、上層部は。

ヤイドロン　内容にあまり関心がないから。

神武　来ていたのは社長の守護霊ですか？

ヤイドロン　そうですね。だから、内容に関心がないんですよ。採算にしか関心がない。

大川紫央　その内容で、「〝やばいやつ〟を証拠《しょうこ》として使ってしまった」ということに気づいたんじゃないですか、今。

ヤイドロン　「女性社員、四十五パーセント」って言ったかな？　要は、その給料を下げたくてしょうがないんだ。削《けず》りたいんだよ。

大川紫央　そうでしょうね。経費をカットしたいんでしょうね。人件費。

宇田　なるほど。

ヤイドロン　それと、ホテル代だの出張費とかを削りたくてしょうがない。

神武　ああ。だから、ちゃんと取材したりしないで……。

ヤイドロン　だから、「垂れ込《こ》みが一人いれば十分だ」と言っているんだから。

社長の守護霊は、直感的に「危ない」と感じている

大川紫央　でも、それは、「週刊文春」のレベルならまだよかったけど、「本」にしてしまったので、さらにまずいですよね。

宇田　出版差し止め請求ですね。

神武　週刊誌だったら、一週間で店頭から消えますからね。

大川紫央　そうだし、読むほうも、「グレーゾーンだ」と思って読むところがあるじゃないですか、そうは言っても。

ヤイドロン　守護霊だから、霊的《れいてき》に、直感的に、「危ないな」と感じていると思います。

大川紫央　地上の本人と完全に接続しているかどうかは分からないですね。

ヤイドロン　「危ないな」とは感じていると思いますよ。スクープは去年も二月に放っていますから。でも、教団はびくともしていない。今回もするはずはないので、攻撃《こうげき》材料に使われるだけだから。

「講談社フライデー事件」の恐怖《きょうふ》が、今、身に及《およ》んでいるわけです。あちらからも電話が入っているんです。講談社とか、ほかのところから入っていて、「やめておいたほうがいいですよ」という声がいっぱい入っているんですよ。

神武　なるほど。

ヤイドロン　「危ないですよ」「怖《こわ》いですよ」と言われているんです。

文春側は、再び謝罪文を書かされることを恐《おそ》れている

大川紫央　でも、現代の若い人たちは知らないんじゃないですか？

ヤイドロン　花田《はなだ》（紀凱《かずよし》）さんという、週刊誌を七十六万部売っていた編集長がいた時代には、攻撃をしなかったので、文春は。花田さんは大川隆法総裁と直接会って話をして、攻撃するのをやめたので。

神武　では、花田さんのほうが良識があったと。

ヤイドロン　まあ、「講談社を沈《しず》めてくれるなら、それは別に構わないけど」ということだったみたいですけど。

大川紫央　（笑）

ヤイドロン　大川隆法総裁のほうから、「中立でやってください」って言われたので、そういうふうにやったみたいですけどね。

花田の時代にだって書けないようなものは、今の編集長では無理です。そのへんは今、保守系のほうは分かっているでしょう。（宏洋《ひろし》氏の対談を載せた）月刊「WiLL《ウィル》」は、反論も載せさせられた。文春は記事を書いて何も言われなかった。だから、甘《あま》く見て、今回の挙に出ているので。それで、幸福の科学が甘くないところを、これから示そうとしているので。

大川紫央　あの本は、本当に、けっこう粗雑《ぞざつ》な編集でしたよね。

神武　本当に〝やばい〟と思います。

大川紫央　いやあ、あれは普通《ふつう》に〝やばい〟ですよね。「大丈夫《だいじょうぶ》か。誰《だれ》も精査していないのか」という。

ヤイドロン　社長は、一週間前に（幸福の科学から）訴訟《そしょう》を打たれた段階で、もう震《ふる》え上がっているんですよ。それだけで、もう。

前回も負けていますから、訴訟で。ええ。訴訟で敗れているので。長男のをやって、また負けた場合、また「謝罪文を出せ」と最高裁から命令が出されて。前回は活字の大きさとページ数まで指定されて、「謝罪文」を書かされています。あんなのは、業界にとっては〝最大の屈辱《くつじょく》〟です。

だから、「もう一回、それをやらされるか」と思っている。それを恐《おそ》れています、とっても。でも、結果はそうなるでしょうね、たぶん。

「霊言《れいげん》」を初めて経験した文藝春秋《ぶんげいしゅんじゅう》社長守護霊

神武　先ほど、社長の守護霊は、「出版差し止めとかをやってほしくない」というようなことを言っていたんですけど、何か弱点になるところ……。

ヤイドロン　いやあ、それは、幸福の科学の広報が、するつもりでいるからでしょう。

神武　出版差し止め請求。

大川紫央　はい。

ヤイドロン　それは、一冊で百カ所も間違《まちが》っているなら、差し止められるでしょう、普通は。

大川紫央　普通にやるべきでしょう。

ヤイドロン　「名誉毀損《めいよきそん》」（での出版差し止め）以外に「損害賠償《ばいしょう》」でも打てますから。

大川紫央　だって、そもそも間違えているものね。

ヤイドロン　それに今、守護霊自身がしゃべって、「ああ。霊言《れいげん》ってできるんだ」と確認してしまったから（笑）。

大川紫央　（笑）それは地上の本人に通じるものなんですかね。

ヤイドロン　いやあ、それは、「霊言」自体は自分はしたけど、ほかに経験がないと思いますよ。社長の守護霊も、「霊言」は経験がないと思うので、今、初めて経験したと思う。

大川紫央　女性社員が半分近くいる上に、堂々と「育休率百パーセント」と書いていたから、「経理出身の人、お金と数字をずっと見ている人からすると、カットしたいのだろうな」という感じで……。

ヤイドロン　営業のほうとは戦っていると思います、内部でもね。

大川紫央　でも、いちおう経理・営業畑出身だそうです。

神武　内容に弱いんですかね。

大川紫央　商学部とかを出ているのかと思ったら、文学部卒業でした。

ヤイドロン　いずれにしても、幸福の科学の戦いは始まったところでしょうから。前回、何もしなかったし、長男に対しても攻撃が緩《ゆる》かったですから、「そんなにできないんだろう」と思っていたんだと思います。「弱みをつかまれているのかな」と思っていたんじゃないでしょうか。

大川紫央　弱みは、全然つかまれていません。宏洋氏には、弱みを何もつかまれていない。

神武　あちらにとっては、あの本が「弱み」になってしまった。

ヤイドロン　証言本を出されて、逆に「弱み」が暴露《ばくろ》されるので、たぶん恥《はじ》をかくことになるでしょうねえ。ええ。

大川紫央　いちおう反撃本も効きはしますよね。

ヤイドロン　あと、同業者からの意見も入りますからね。書店や取次店《とりつぎ》の意見も入るでしょうから。「そんなに連続して攻撃してくる」っていうのは、ちょっと、びっくりはしているでしょうね。

文春側の「最大のウィークポイントは社長」

ヤイドロン　講演会をするには、とっても嫌《いや》でしょうけど、「来るだろう」と思っていたものの一つではあるのです。だから、実は、「最大のウィークポイントは社長だ」ということです。

下は戦闘《せんとう》をする気があると思いますけど、社長は、「損をするのは嫌だ」と。会社が体面を潰《つぶ》されるのと損をするのが嫌ですから。

大川紫央　賠償金を払《はら》ったりするのは嫌ですよね、きっと。

ヤイドロン　次にまた、（訴訟での請求額《せいきゅう》が）さらに五千五百万円ぐらい行くでしょうから、（合わせると）一億を超《こ》えますわね。

明日《あした》の講演会を、何とか無事に乗り切ることが大事ですね。

こういうものは、もし邪魔《じゃま》になるなら、早めに（私を）呼んでくれれば、長くいない段階で排除《はいじょ》しますから。

宇田　お護《まも》りください。

神武　ありがとうございます。

あとがき

神を信じるも、信じないも、個人の自由だという人もいる。

しかし、神を信じる人は、神の眼を意識して、善を押しすすめ、悪を押しとどめようとする。そして正義のために生きようとする。

他方、神を信じない人は、破滅型の人生を生きる人に賞賛を与え、人を堕落《だらく》させる小説でも、発行部数と利益にしか頭がまわらない。

来世に地獄がないとさぞ都合がよかろう。

しかし、来世には、天国と地獄は実在し、魂存在としての人間たちの頂点には、神が厳然《げんぜん》として存在する。こうした事実を証明するために、私は、二千六百書以上の本を刊行してきた。

人間業《わざ》ではない、と言うだけの人もいるだろう。
そう、人間の業ではない。神の栄光が臨在《りんざい》しているのだ。

二〇二〇年　三月二十一日

幸福《こうふく》の科学《かがく》グループ創始者兼総裁《そうししゃけんそうさい》　大川隆法《おおかわりゅうほう》

『「文春」の報道倫理を問う』関連書籍

『人はなぜ堕ちてゆくのか。』（大川隆法 著　幸福の科学出版刊）
『新しき繁栄の時代へ』（同右）
『「文春」に未来はあるのか――創業者・菊池寛の霊言――』（同右）
『「週刊文春」とベルゼベフの熱すぎる関係』（同右）
『芥川龍之介が語る「文藝春秋」論評』（同右）
『杉原千畝に聞く　日本外交の正義論』（同右）
『インパール作戦の真実　牟田口廉也司令官の霊言』（同右）
『娘から見た大川隆法』（大川咲也加 著　同右）
『宏洋問題を斬る』（幸福の科学総合本部 編　同右）
『宏洋問題の深層』（同右）
『直撃インタビュー 大川隆法総裁、宏洋問題に答える』（同右）

「文春《ぶんしゅん》」の報道倫理《ほうどうりんり》を問《と》う

2020年３月23日　初版第１刷

著　者　　大《おお》　川《かわ》　隆《りゅう》　法《ほう》

発行所　　幸福の科学出版株式会社

〒107-0052 東京都港区赤坂２丁目10番８号
TEL(03)5573-7700
https://www.irhpress.co.jp/

印刷・製本　株式会社 研文社

落丁・乱丁本はおとりかえいたします

©Ryuho Okawa 2020. Printed in Japan. 検印省略

ISBN978-4-8233-0161-2 C0030

カバー OoddySmile Studio/Shutterstock.com
カバー , 表紙 caimacanul/Shutterstock.com
装丁・イラスト・写真（上記・パブリックドメインを除く）© 幸福の科学

宏洋問題の嘘と真相

人はなぜ堕ちてゆくのか。

宏洋問題の真相を語る

大川隆法 著

嫉妬、嘘、自己愛の塊――。人生の反面教師とも言うべき宏洋氏の生き方や、その虚妄を正すとともに、彼の虚言を鵜呑みにする文藝春秋の見識を問う。

1,500 円

宏洋問題の深層

「真実」と「虚偽」をあきらかにする 31人の証言

幸福の科学総合本部 編

宏洋氏は、なぜ信仰を冒瀆し、虚偽による誹謗中傷を繰り返すのか。逆恨み、女性問題、セクハラ・パワハラなど、関係者が語る衝撃の「素顔」と「言動」。

1,400 円

宏洋問題を斬る

「内情」を知り尽くした 2 人の証言

幸福の科学総合本部 編

彼の嘘がこれ以上多くの人を傷つけないように――。公私にわたり宏洋氏を間近に見てきた関係者による証言と反論。実弟の真輝氏・裕太氏の寄稿文も収録。

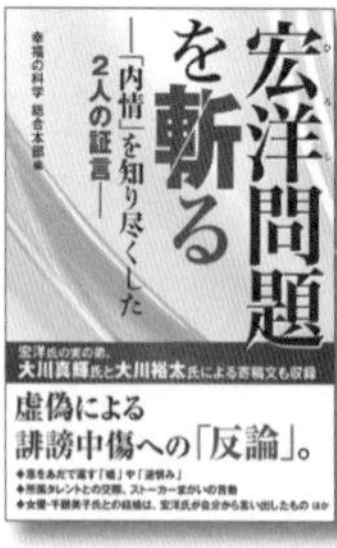

1,400 円

直撃インタビュー 大川隆法総裁、宏洋問題に答える

幸福の科学総合本部 編

「月刊 WiLL」「週刊文春」「YouTube」――。宏洋氏の虚偽の発信に対して、大川総裁ほか関係者が真相を語った、衝撃の質疑応答 174 分。

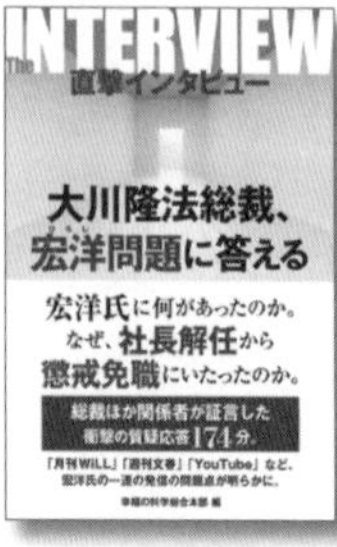

1,500 円

※表示価格は本体価格(税別)です。

宗教者のあるべき姿

1,400円

娘が語る
大川隆法の**自助努力**の姿

- ◆読書をしている父の姿
- ◆一日の生活スタイル
- ◆教育方針
- ◆大川家の家訓
- ◆世界のために命を懸ける「不惜身命」の姿
- ◆大病からの復活
- ◆「霊言」の真実

娘から見た大川隆法
大川咲也加 著

幼いころの思い出、家族思いの父としての顔など、実の娘が28年間のエピソードと共に綴る、大川総裁の素顔。

自助努力の精神を受け継ぐ幸福の科学の後継者

幸福の科学の後継者像について

大川隆法・大川咲也加 共著

霊能力と仕事能力、人材の見極め方、公私の考え方、家族と信仰――。全世界に広がる教団の後継者に求められる「人格」と「能力」について語り合う。

1,500円

大川隆法 霊言シリーズ・マスコミのあり方を問う

「文春」に未来はあるのか

創業者・菊池 寛の霊言

地獄界からの影響を受け、偏見と妄想に満ちた週刊誌ジャーナリズムによる捏造記事の実態と、それを背後から操る財務省の目論見を暴く。

1,400円

芥川龍之介が語る「文藝春秋」論評

菊池寛の友人で、数多くの名作を遺した芥川龍之介からのメッセージ。菊池寛の死後の様子や「文藝春秋」の実態が明かされる。

1,300円

「週刊文春」とベルゼベフの熱すぎる関係

悪魔の尻尾の見分け方

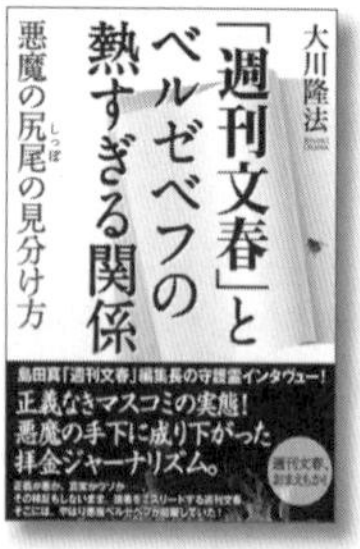

島田真「週刊文春」編集長(当時)の守護霊インタビュー! 週刊誌ジャーナリズムの実態と、救世運動潰しを企む悪魔の関係とは。

1,400円

「月刊 WiLL」立林編集長リーディング

参院選前後に、宏洋氏による虚偽の中傷記事を掲載した「月刊WiLL」。掲載の狙い、読者任せの事実認定、失われた保守系雑誌の気概、その実態を糺す。

1,400円

※表示価格は本体価格(税別)です。

大川隆法ベストセラーズ・悪霊・悪魔の実相

真のエクソシスト

身体が重い、抑うつ、悪夢、金縛り、幻聴——。それは悪霊による「憑依」かもしれない。フィクションを超えた最先端のエクソシスト論、ついに公開。

1,600円

悪魔からの防衛術

「リアル・エクソシズム」入門

現代の「心理学」や「法律学」の奥にある、霊的な「正義」と「悪」の諸相が明らかに。〝目に見えない脅威〟から、あなたの人生を護る降魔入門。

1,600円

不信仰の家族にはどう対処すべきか

現代のダイバダッタ問題

いつの時代にも起きる信仰と身内の問題は、どう見るべきなのか。〝嘘〟の誹謗中傷、教団批判による炎上商法、その真相を明かした守護霊インタビュー。

1,400円

実戦・悪魔の論理との戦い方

エクソシズム訓練

信仰を護り抜くために、悪魔にどう立ち向かえばよいのか。嫉妬、不信感、嘘、欲望——、悪魔との直接対決から見えてきた、その手口と対処法とは。

1,400円

幸福の科学出版

大川隆法シリーズ・新刊

サミュエル・スマイルズ 「現代的自助論」のヒント

補助金のバラマキや働き方改革、中国依存の経済は、国家の衰退を招く──。今こそ「自助努力の精神」が必要なときである。世界の没落を防ぐ力がここに。

1,400円

守護霊霊言　習近平の弁明

中国発・新型コロナウィルス蔓延に苦悩する指導者の本心

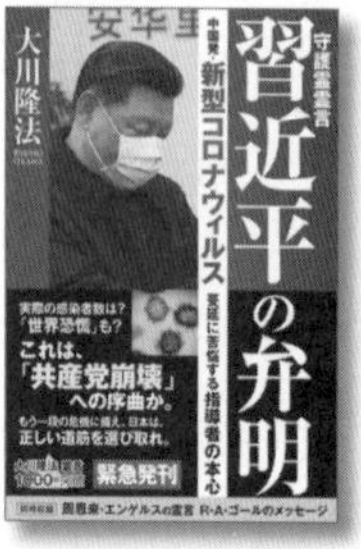

新型肺炎の全世界への感染拡大は「中国共産党崩壊」の序曲か──。中国政府の隠蔽体質の闇、人命軽視の悪を明らかにし、日本が取るべき正しい道筋を示す。

1,400円

中国発・新型コロナウィルス感染 霊査

中国から世界に感染が拡大する新型ウィルスの真相に迫る！ その発生源や〝対抗ワクチン〟とは何かなど、宇宙からの警告とその背景にある天意を読み解く。

1,400円

釈尊の霊言

「情欲」と悟りへの修行

情欲のコントロール法、お互いを高め合える恋愛・結婚、〝魔性の異性〟から身を護る方法など、異性問題で転落しないための「人生の智慧」を釈尊に訊く。

1,400円

※表示価格は本体価格(税別)です。

大川隆法「法シリーズ」・最新刊

鋼鉄の法

法シリーズ 第26作

人生をしなやかに、力強く生きる

自分を鍛え抜き、迷いなき心で、闇を打ち破れ──。
人生の苦難から日本と世界が直面する難題まで、さまざまな試練を乗り越えるための方法が語られる。

第1章　繁栄を招くための考え方
──マインドセット編

第2章　原因と結果の法則
──相応の努力なくして成功なし

第3章　高貴なる義務を果たすために
──価値を生んで他に貢献する「人」と「国」のつくり方

第4章　人生に自信を持て
──「心の王国」を築き、「世界の未来デザイン」を伝えよ

第5章　救世主の願い
──「世のために生き抜く」人生に目覚めるには

第6章　奇跡を起こす力
──透明な心、愛の実践、祈りで未来を拓け

2,000円

幸福の科学の中心的な教え──「法シリーズ」

全国書店にて好評発売中！

幸福の科学出版

モナコ国際映画祭2020
最優秀作品賞
（エンジェル・トロフィー賞）
モナコ国際映画祭2020
最優秀主演女優賞
モナコ国際映画祭2020
最優秀助演女優賞
モナコ国際映画祭2020
最優秀VFX賞
エコ国際映画祭2020
inナイジェリア
最優秀作品賞
エコ国際映画祭2020
inナイジェリア
最優秀助演女優賞
心の闇を、打ち破る。
心霊喫茶
「エクストラ」の秘密
—THE REAL EXORCIST—
製作総指揮・原作／大川隆法
千眼美子
伊良子未來 希島凛 日向丈 長谷川奈央 大浦龍宇一 芦川よしみ 折井あゆみ
監督／小田正鏡 脚本／大川咲也加 音楽／水澤有一 製作／幸福の科学出版 製作協力／ARI Production ニュースター・プロダクション
制作プロダクション／ジャンゴフィルム 配給／日活 配給協力／東京テアトル ©2020 IRH Press cafe-extra.jp
2020年5月15日（金） ロードショー

1991年7月15日、東京ドーム。
人類史を変える「歴史的瞬間」が誕生した。
——これは、映画を超えた真実。
夜明けを信じて。
2020年秋 ROADSHOW
製作総指揮・原作 大川隆法
田中宏明 千眼美子 長谷川奈央 芦川よしみ 石橋保
監督／赤羽博 音楽／水澤有一 脚本／大川咲也加 製作／幸福の科学出版 製作協力／ARI Production ニュースター・プロダクション
制作プロダクション／ジャンゴフィルム 配給／日活 配給協力／東京テアトル ©2020 IRH Press

幸福の科学グループのご案内

宗教、教育、政治、出版などの活動を通じて、地球的ユートピアの実現を目指しています。

幸福の科学

一九八六年に立宗。信仰の対象は、地球系霊団の最高大霊、主エル・カンターレ。世界百カ国以上の国々に信者を持ち、全人類救済という尊い使命のもと、信者は、「愛」と「悟り」と「ユートピア建設」の教えの実践、伝道に励んでいます。

（二〇二〇年三月現在）

愛

幸福の科学の「愛」とは、与える愛です。これは、仏教の慈悲《じひ》や布施《ふせ》の精神と同じことです。信者は、仏法真理をお伝えすることを通して、多くの方に幸福な人生を送っていただくための活動に励んでいます。

悟り

「悟り」とは、自らが仏の子であることを知るということです。教学《きょうがく》や精神統一によって心を磨き、智慧《ちえ》を得て悩みを解決すると共に、天使・菩薩《ぼさつ》の境地を目指し、より多くの人を救える力を身につけていきます。

ユートピア建設

私たち人間は、地上に理想世界を建設するという尊い使命を持って生まれてきています。社会の悪を押しとどめ、善を推し進めるために、信者はさまざまな活動に積極的に参加しています。

国内外の世界で貧困や災害、心の病で苦しんでいる人々に対しては、現地メンバーや支援団体と連携して、物心両面にわたり、あらゆる手段で手を差し伸べています。

年間約２万人の自殺者を減らすため、全国各地で街頭キャンペーンを展開しています。

公式サイト **www.withyou-hs.net**

ヘレン・ケラーを理想として活動する、ハンディキャップを持つ方とボランティアの会です。視聴覚障害者、肢体不自由な方々に仏法真理を学んでいただくための、さまざまなサポートをしています。

公式サイト **www.helen-hs.net**

入会のご案内

幸福の科学では、大川隆法総裁が説く仏法真理《ぶっぽうしんり》をもとに、「どうすれば幸福になれるのか、また、他の人を幸福にできるのか」を学び、実践しています。

入会

仏法真理を学んでみたい方へ

大川隆法総裁の教えを信じ、学ぼうとする方なら、どなたでも入会できます。入会された方には、『入会版「正心法語《しょうしんほうご》」』が授与されます。

ネット入会 入会ご希望の方はネットからも入会できます。
happy-science.jp/joinus

三帰《さんき》誓願《せいがん》

信仰をさらに深めたい方へ

仏弟子としてさらに信仰を深めたい方は、仏《ぶっ》・法《ほう》・僧《そう》の三宝《さんぼう》への帰依を誓う「三帰誓願式」を受けることができます。三帰誓願者には、『仏説・正心法語』『祈願文《きがんもん》①』『祈願文②』『エル・カンターレへの祈り』が授与されます。

幸福の科学 サービスセンター
TEL 03-5793-1727
（受付時間／火～金：10～20時 土・日祝：10～18時（月曜を除く））

幸福の科学 公式サイト
happy-science.jp

ハッピー・サイエンス・ユニバーシティ

Happy Science University

ハッピー・サイエンス・ユニバーシティとは

ハッピー・サイエンス・ユニバーシティ（HSU）は、大川隆法総裁が設立された「現代の松下村塾」であり、「日本発の本格私学」です。
建学の精神として「幸福の探究と新文明の創造」を掲げ、
チャレンジ精神にあふれ、新時代を切り拓く人材の輩出を目指します。

人間幸福学部　経営成功学部　未来産業学部

HSU長生キャンパス TEL **0475-32-7770**
〒299-4325　千葉県長生郡長生村一松丙 4427-1

未来創造学部

HSU未来創造・東京キャンパス
TEL **03-3699-7707**
〒136-0076　東京都江東区南砂2-6-5

公式サイト **happy-science.university**

学校法人 幸福の科学学園

学校法人 幸福の科学学園は、幸福の科学の教育理念のもとにつくられた教育機関です。人間にとって最も大切な宗教教育の導入を通じて精神性を高めながら、ユートピア建設に貢献する人材輩出を目指しています。

幸福の科学学園

中学校・高等学校（那須本校）
2010年4月開校・栃木県那須郡（男女共学・全寮制）
TEL **0287-75-7777** 公式サイト **happy-science.ac.jp**

関西中学校・高等学校（関西校）
2013年4月開校・滋賀県大津市（男女共学・寮及び通学）
TEL **077-573-7774** 公式サイト **kansai.happy-science.ac.jp**

仏法真理塾「サクセスNo.1」

全国に本校・拠点・支部校を展開する、幸福の科学による信仰教育の機関です。小学生・中学生・高校生を対象に、信仰教育・徳育にウエイトを置きつつ、将来、社会人として活躍するための学力養成にも力を注いでいます。

TEL 03-5750-0751（東京本校）

エンゼルプランV TEL 03-5750-0757

幼少時からの心の教育を大切にして、信仰をベースにした幼児教育を行っています。

不登校児支援スクール「ネバー・マインド」 TEL 03-5750-1741

心の面からのアプローチを重視して、不登校の子供たちを支援しています。

ユー・アー・エンゼル！（あなたは天使！）運動

一般社団法人 ユー・アー・エンゼル TEL 03-6426-7797

障害児の不安や悩みに取り組み、ご両親を励まし、勇気づける、
障害児支援のボランティア運動を展開しています。

NPO活動支援

いじめから子供を守ろうネットワーク

学校からのいじめ追放を目指し、さまざまな社会提言をしています。また、各地でのシンポジウムや学校への啓発ポスター掲示等に取り組む一般財団法人「いじめから子供を守ろうネットワーク」を支援しています。

公式サイト mamoro.org ブログ blog.mamoro.org

相談窓口 TEL.03-5544-8989

百歳まで生きる会

「百歳まで生きる会」は、生涯現役人生を掲げ、友達づくり、生きがいづくりをめざしている幸福の科学のシニア信者の集まりです。

シニア・プラン21

生涯反省で人生を再生・新生し、希望に満ちた生涯現役人生を生きる仏法真理道場です。定期的に開催される研修には、年齢を問わず、多くの方が参加しています。
全世界212カ所（国内197カ所、海外15カ所）で開校中。

【東京校】TEL 03-6384-0778 FAX 03-6384-0779
メール senior-plan@kofuku-no-kagaku.or.jp

幸福実現党

内憂外患《ないゆうがいかん》の国難に立ち向かうべく、2009年5月に幸福実現党を立党しました。創立者である大川隆法党総裁の精神的指導のもと、宗教だけでは解決できない問題に取り組み、幸福を具体化するための力になっています。

幸福実現党 釈量子サイト shaku-ryoko.net
Twitter 釈量子@shakuryokoで検索

党の機関紙
「幸福実現NEWS」

幸福実現党 党員募集中

あなたも幸福を実現する政治に参画しませんか。

- ○幸福実現党の理念と綱領、政策に賛同する18歳以上の方なら、どなたでも参加いただけます。
- ○党費:正党員(年額5千円[学生 年額2千円])、特別党員(年額10万円以上)、家族党員(年額2千円)
- ○党員資格は党費を入金された日から1年間です。
- ○正党員、特別党員の皆様には機関紙「幸福実現NEWS(党員版)」(不定期発行)が送付されます。

＊申込書は、下記、幸福実現党公式サイトでダウンロードできます。
住所:〒107-0052 東京都港区赤坂2-10-8 6階 幸福実現党本部
TEL 03-6441-0754 FAX 03-6441-0764
公式サイト hr-party.jp

幸福の科学出版

大川隆法総裁の仏法真理の書を中心に、ビジネス、自己啓発、小説など、さまざまなジャンルの書籍・雑誌を出版しています。他にも、映画事業、文学・学術発展のための振興事業、テレビ・ラジオ番組の提供など、幸福の科学文化を広げる事業を行っています。

アー・ユー・ハッピー？
are-you-happy.com

ザ・リバティ
the-liberty.com

幸福の科学出版
TEL **03-5573-7700**
公式サイト **irhpress.co.jp**

THE FACT

ザ・ファクト
マスコミが報道しない「事実」を世界に伝えるネット・オピニオン番組

ザ・ファクト 検索

NEW STAR PRODUCTION

ニュースター・プロダクション

「新時代の美」を創造する芸能プロダクションです。多くの方々に良き感化を与えられるような魅力あふれるタレントを世に送り出すべく、日々、活動しています。 公式サイト **newstarpro.co.jp**

ARI Production

ARI《アリ》 Production《プロダクション》

タレント一人ひとりの個性や魅力を引き出し、「新時代を創造するエンターテインメント」をコンセプトに、世の中に精神的価値のある作品を提供していく芸能プロダクションです。 公式サイト **aripro.co.jp**

大川隆法　講演会のご案内

大川隆法総裁の講演会が全国各地で開催されています。講演のなかでは、毎回、「世界教師」としての立場から、幸福な人生を生きるための心の教えをはじめ、世界各地で起きている宗教対立、紛争、国際政治や経済といった時事問題に対する指針など、日本と世界がさらなる繁栄の未来を実現するための道筋が示されています。

2019 年 12 月17 日 さいたまスーパーアリーナ「新しき繁栄の時代へ」

2019年10月6日 ザ ウェスティン ハーバーキャッスル トロント(カナダ)「The Reason We Are Here」

2019年7月5日 福岡国際センター「人生に自信を持て」

2019 年3月3日 グランド ハイアット 台北(台湾)「愛は憎しみを超えて」

2019 年7月13 日 ホテル イースト 21 東京「幸福への論点」

講演会には、どなたでもご参加いただけます。
最新の講演会の開催情報はこちらへ。⟹

大川隆法総裁公式サイト
https://ryuho-okawa.org